www.ingramcontent.com/pod-product-compliance
Lightning Source LLC
LaVergne TN
LVHW020437070526
838199LV00063B/4762
9789358723328

موسم بھیگی آنکھوں کا

(شعری مجموعہ)

رفیعہ شبنم عابدی

© Rafia Shabnam Abidi
Mausam bheegi Aankhon ka *(Poetry)*
by: Rafia Shabnam Abidi
Edition: April '2024
Publisher :
Taemeer Publications LLC (Michigan, USA / Hyderabad, India)

ISBN 978-93-5872-332-8

مصنفہ یا ناشر کی پیشگی اجازت کے بغیر اس کتاب کا کوئی بھی حصہ کسی بھی شکل میں بشمول ویب سائٹ پر اَپ لوڈنگ کے لیے استعمال نہ کیا جائے۔ نیز اس کتاب پر کسی بھی قسم کے تنازع کو نمٹانے کا اختیار صرف حیدرآباد (تلنگانہ) کی عدلیہ کو ہو گا۔

© رفیعہ شبنم عابدی

کتاب	:	موسم بھیگی آنکھوں کا (شعری مجموعہ)
مصنفہ	:	رفیعہ شبنم عابدی
صنف	:	شاعری
ناشر	:	تعمیر پبلی کیشنز (حیدرآباد، انڈیا)
سالِ اشاعت	:	۲۰۲۴ء
صفحات	:	۱۴۴
سرورق ڈیزائن	:	تعمیر ویب ڈیزائن

درپن

صاحبِ تصنیف:- ڈاکٹر رفیعہ شبنم عابدی

تعلیم:- بی۔اے (آنرز)۔ ایم۔اے (فارسی)۔ ایم۔اے (اردو)۔ بی ایڈ۔ پی ایچ ڈی

ملازمت:- لکچرر شعبۂ اردو مہاراشٹر کالج بلاسس روڈ، بمبئی نمبر ۴۰۰۰۰۸

۲:- مدیرہ آنچل (خواتین کا صفحہ) روزنامہ اردو ٹائمز۔ مولانا آزاد روڈ بمبئی نمبر ۴۰۰۰۰۸

تصنیفات:-

۱۔ نظر نظر کے چراغ	تنقیدی مضامین
۲۔ موسم بھیگی آنکھوں کا	زیرِ نظر شعری مجموعہ

اور

۳۔ نظر و نقطۂ نظر (تنقیدی مضامین) زیرِ طبع

۴۔ اردو شاعری میں اسلامی اثرات تحقیقی مقالہ "

۵۔ اردو شاعری میں شیعی اثرات "

۶۔ ملا وجہی بہ حیثیت انشا پرداز زیرِ طبع

۷۔ نکاتِ تدریس تدریسی مضامین "

۸۔ میں پاگل، مرا منوا پاگل (ناول)

۹۔ دل ٹوٹے نا (ناول) "

۱۰۔ سپنے جاگے افسانے "

انعامات:- ۱۔ مہاراشٹر اردو اکاڈمی ایوارڈ برائے نظر نظر کے چراغ۔ سنہ ۱۹۸۰ء

مہاراشٹر اسٹیٹ ایوارڈ، برائے صحافت سنہ ۱۹۸۳ء

پتہ:- **۱۳/۱۷۰ بارہ امام روڈ۔ بمبئی نمبر ۴۰۰۰۰۳**

موسم بھیگی آنکھوں کا (شاعری) 6 رفیعہ شبنم عابدی

مندرجات

۱- موسم بھیگی آنکھوں کا (غزل)

۲- ادائیگی

۳- انتساب

۴- پروائیاں درد کی رفیعہ شبنم عابدی

رفیعہ شبنم عابدی کی شاعری
۵- (ٹوٹے برتنوں اور کانچ کی چوڑیوں کی آواز) عزیز قیسی

۶- حمد

۷- نعت

۸- منقبت

۹- غزلیں

۱۰- نظمیں

ہم سمجھے تھے ٹھنڈا ہوگا ، موسم بھیگی آنکھوں کا
یہ نہ خبر تھی شعلہ ہوگا ، موسم بھیگی آنکھوں کا

کون وہاں تھا جو سُن لیتا رِم جھم کی آوازوں کو
دِل کی گلی میں چیخا ہوگا ، موسم بھیگی آنکھوں کا

اس ڈر سے کہ ڈوب نہ جائے گہرے کالے پانی میں
پلکوں پلکوں رہتا ہوگا ، موسم بھیگی آنکھوں کا

یادوں کی پُروائی اِک دن تیرے گھر بھی آئی تھی
تُو نے بھی تو دیکھا ہوگا ، موسم بھیگی آنکھوں کا

رُخساروں پر چھالے کیسے ہونٹوں پر اَنگارے کیوں
اِس رستے سے گُذرا ہوگا ، موسم بھیگی آنکھوں کا

جلتے زخموں کی چھاگل کے سارے شعلے پی ڈالے
آخر کتنا پیاسا ہوگا ، موسم بھیگی آنکھوں کا

تنہائی میں اس کو شبنمؔ یاد اگر آئی ہوگی
پھر تو ٹوٹ کے برسا ہوگا موسم بھیگی آنکھوں کا

ادائیگی

مجھ پر اِک قرض تھا —
اپنے تمام احساسات و جذبات کا
زندگی کے جملہ تجربات کا
بعض شفیق اور مخلص پرچھائیوں کا
کچھ دُھندلے اور واضح سایوں کا
اور چند جیتے جاگتے انسانوں کا
جن میں شامِل ہیں —
میرے شوہر، سیّد حسن اختر عابدی
میرے کرم فرما اور بہی خواہ
عزیز قیسی صاحب
فضیل جعفری صاحب
وَارث علوی صاحب
انجم رُومانی صاحب
برادرم ساجد رشید
برادرم پروفیسر شفیق شیخ
آج اس کتاب کی اشاعت کے ذریعہ اس قرض کی ادائیگی سے سُبکدوش ہونا چاہتی ہوں

انتساب

درد کا یہ جہاں
حرف کا یہ خزینہ
لفظ و معنی کا گلزار
——— احساس کا آئینہ
گرم جذبات کی تیز رَو

اس رِدانے کے نام!

جس نے
انگلیوں کو تپش
جسم کو روشنی
روح کو تازگی دی
جاگتی آنکھ کو چاند تاروں کے سپنے

لبوں کو گلاب
ہر بُنِ مُو کو طرزِ تکلّم دیا

میری بے نور پیشانی پہ
اپنے ہی نام کے تین نقطوں کا جھومر سجایا
میرے خوابوں کے بے رنگ آنچل پہ سجدے کئے
میں کہ اک آب جو تھی
سمندر بنایا !!

پُروائیاں درد کی

اپنی دنیا کے شور و غل میں کتنے واقعات اور سانحات ایسے ہوتے ہیں جنہیں ہم بھول جاتے ہیں۔ یا بھلانے کی کوشش کرتے ہیں اور مطمئن ہو کر سوچنا چاہتے ہیں کہ ہم خوش ہیں مسرور ہیں۔ شادماں ہیں۔ ہمیں کوئی غم نہیں۔ لیکن۔ ہمارے اندر، بہت اندر، کہیں دُور سے کوئی آواز دیتا ہے اور ایک ایک لمحے کا احتساب چاہتا ہے۔ تب زندگی کی ناکامیاں اور کامرانیاں، محرومیاں اور سرشاریاں، امیدیں اور مایوسیاں ہمارے وجود کا محاصرہ کر لیتی ہیں اور کچھ کھو دینے کا شدید، بہت شدید جذبہ جاگ اٹھتا ہے دل میں! — جیسے یہ زندگی لہو کا ایک سمندر ہے اور اس کے قطرے قطرے میں ایک مقتل پوشیدہ ہے۔ بشیار خواستہ اور نخواستہ تمناؤں، خواہشوں اور آرزوؤں کا مقتل — کیسی نادیدہ کربلا ہے یہ زندگی بھی!! جس کے چاروں طرف خون ہی خون ہے۔ لاشے ہی لاشے ہیں!! اور آنکھیں ہی آنکھیں — کتنا کرب آمیز ہوتا ہے یہ موسم بھیگی آنکھوں کا!!

یہ اتھاہ، بے پناہ درد کی پُروائیاں کہاں سے آتی ہیں؟ یہ گھاؤ کیسے ہیں جن کی

ٹیس اور تڑپ کسی آن، کسی کروٹ چین لینے نہیں دیتی ؟ ــــ یہ بتانا بے حد مشکل ہے ۔ کیونکہ اندھیروں اُجالوں کی یہ آنکھ مچولی اولادِ آدم کا مقدّر ہو گئی ہے ۔ یہ کھیل صدیوں سے کھیلا جا رہا ہے ۔ لیکن انسان ہارتا ہے نہ وقت کی انگلیاں ہی تھکتی ہیں ۔ زندگی کا بیتا ہوا ہر لمحہ، دل پر گزرا ہوا ہر سانحہ، کائنات کی آغوش میں پرورش پانے والا ہر واقعہ وقت کے ساتھ ساتھ ایک کہانی کا روپ دھار لیتا ہے ۔ اندھیروں اور اجالوں سے عبارت ایک کہانی جس کا کوئی انت ہے نہ چھور ــــ کہانیوں کے الجھے ہوئے ان دھاگوں میں جب وہ ڈور تلاش کرتی ہوں جس کا سرا روزِ آفرینش سے جا ملتا ہے تو خیال آتا ہے کہ غالبًا دسمبر کی کسی سرد سی شام کو جب زائرانِ حرم طوافِ کعبہ کے مقدس فریضے کی ادائیگی کے بعد شکرِ الہٰی میں سربسجود تھے ، ایک بے نام وجود کو خالقِ کائنات نے زندگی آشنا کر دیا یہ جہانِ رنگ و بو اس ننھی سی جان کو کیسا لگا ۔ مجھے پتہ نہیں ۔ البتہ جب پہلی مرتبہ فہم و ادراک نے موسموں کے امتیاز کا سلیقہ سیکھا تو معلوم ہوا کہ میرے اس لہولہان وجود میں کئی کانٹے پیوست ہیں جن کا بیک وقت چن لینا کارِ محال ہے ۔ سب سے بڑا کانٹا تو یہی تھا کہ میں اپنے آٹھ بہن بھائیوں کی وہ نویں بہن تھی جو پیدائش کی ترتیب کے اعتبار سے چوتھے درجے پر فائز تھی ۔ چنانچہ ہمیشہ چوتھے درجے کی چیز ہی خیال کی گئی یعنی افرادِ خانہ میں زیادہ قابلِ اعتنا کبھی نہیں سمجھی گئی ۔ اس پر طرفہ ستم یہ ہوا کہ رنگ کے اعتبار سے بھی اوروں سے پچھڑ گئی ۔ آئینے میں اپنا سراپا دیکھ کر کیا خوش ہوتی کہ بہن بھائیوں نے پہلے ہی یہ انکشاف کر دیا تھا کہ ، تم ہماری بہن نہیں ہو ۔ اگر ہماری بہن ہوتیں تو تمہارا رنگ سانولا نہ ہوتا ــــ اس لئے بچپن ہی سے آئینے سے نظر چراتی رہی ۔ البتہ آنکھوں نے کافی سہارا دیا ۔ بڑی ، گہری ، چمکدار ، سیاہ آنکھیں ۔

اپنے جذبات اور احساسات کی آئینہ دار آنکھیں۔ جن میں شاید کہیں، کسی کے نئے آنگنوں کی دھوپ چھاؤں چھپی بیٹھی تھی۔ لیکن احساس کمتری کے اس غلبہ نے یہ سوچنے کی جسارت کبھی عطا نہ کی کہ کوئی گناہگار دیوانہ اس آنچل پر دوگانہ ادا کرنے کا خواہشمند بھی ہو سکتا ہے! اس کرب میں والد کی وہ تنہا ذات تھی جو میرے لئے سپر بنی رہی اور میرے زخمی وجود پر گاہے بگاہے مرہم رکھتی رہی۔ لیکن ان کی تمام طفل تسلیوں کے باوجود نفسیاتی اثر یہ ہوا کہ میں اندر اندر سمٹتی چلی گئی اور ایک دن اپنی ذات کے خول میں بند ہو گئی۔ محفلوں اور جلوتوں سے مجھے وحشت ہوتی۔ بھیڑ بڑی بری لگتی۔ تنہائی میں وہ سکون ملتا کہ کچھ نہ پوچھو۔ اکیلے اکیلے ہی میں نے اپنے اندر ایک دنیا بسالی۔ اپنے خوابوں کی حسین دنیا۔ ایک ایتھوپیا جس میں گھنٹوں گم رہتی۔ ہفت اقلیم کی سیر کرتی اور بیٹھے بیٹھے تصورات کے ہفت خواں طے کر لیتی۔ خوابوں کے اس حسین جہاں سے لوٹ کر آج تک حقیقتوں کی تلخ وادی میں نہ آسکی۔ خواب دیکھنے کا چسکا آنکھوں کو ایسا لگا کہ یہ نشہ لاکھ کوشش کے باوجود بھی نہیں اترتا۔ آنکھوں میں خوابوں کا خمار آج بھی باقی ہے۔ پلکوں پر جلتے بجھتے خوابوں کا دھواں ہے، دھند ہے۔ بدلیاں ہیں۔ حقیقتوں کے گھور اندھیرے میرے خوابوں کو نگل نہ لیں، اس ڈر کے مارے کبھی آنکھیں نہیں کھولیں۔ البتہ ذہن کی کھڑکیاں ہمیشہ کھلی رہیں۔ یہی وہ دریچے تھے جن سے تجربات کی، ایقان و آگہی کی، احساس و ادراک کی اور علم و ادب کی وہ ٹھنڈی خنک ہوائیں میرے وجود کو فرحت بخشتی رہیں جنہوں نے جسم کو شادابی اور روح کو تازگی عطا کی۔

اپنے خوابوں میں کھوئی ہوئی یہ محروم، یاس زدہ سانولی سی لڑکی ایک دن شمال سے آنے والے دراز قد اجنبی کی ڈولی میں سوار ہو کر پی کے نگر چل دی۔ اور تب

زندگی نے پہلی مرتبہ پھول کھلانے اور آنگن میں پیڑ اگانے کا سلیقہ سکھایا۔ کبھی کلیاں مہکیں۔ کبھی غنچے مسکرائے زندگی بہاروں کے ہنڈولوں میں جھولی یا نہیں اس کا اندازہ نہ ہو سکا۔ البتہ توس قزح کی ست رنگی سے واقف ہو گئی۔ دل کی بوسیدہ جھولی میں وقت نے ایک دم سے محبت کی ڈھیر ساری بھیک ڈال دی۔ مگر میں اپنی دریدہ دامنی کے خوف کے باعث اس احساس سے کبھی چھٹکارا نہ پا سکی کہ میرا دامن کتنا ہی بھر جائے۔ کہلاؤں گی تو بھکارن ہی!

مضطرب۔ بے چین اور اداس روح کبھی قرار نہ پا سکی۔ اضطراب اور اضطرار مقدر تھے جو آنچل میں باندھ دیئے گئے تھے۔ میں نے انہیں ہی سلمی ستارے سمجھ کر اوڑھ لیا۔ اس امید پر　کہ شائد اندھیروں میں کہیں عرفان کا وہ سورج نمودار ہو جائے جس کی صدیوں سے تلاش تھی۔ جو ذات کے نہاں خانوں کو روشن کر دیتا ہے اور پھر کائنات کی ہر شئے اجلی اجلی دکھائی دینے لگتی ہے۔ ایک لمحہ وہ بھی آیا جب محسوس ہوا جیسے سورج صدیوں کے فاصلے طے کر کے افق کے اس پار سے طلوع ہو رہا ہے۔ پھر دھیرے دھیرے وہ میری بھیگی، نم آلود پلکوں کے ساحلوں سے ہوتا ہوا آنکھوں کے سمندر میں اتر آیا اور وہاں سے دل کے جزیرے میں جا کر ضوفشانی کرنے لگا۔ تب ایسا لگا جیسے یہی وہ لمحہ ہے جب بدھ کو نروان ہوا تھا۔ نروان کی اس منزل پر پہنچ کر شائد میرے اندر کی شاعرہ ایک دم پرسکون ہو جاتی لیکن تبھی وقت نے کپل وستو کے شہزادے کا روپ دھارتے ہوئے چپکے سے کانوں میں سرگوشی کی۔

۔حصول عرفان کے لئے دنیا تیاگنی پڑتی ہے بی بی! تنہائی کا بوجھ اٹھانا پڑتا ہے آتما اور انتر آتما کو۔ تم ان بکھیڑوں میں الجھ کر کیسے منزل پر پہنچ سکتی ہو؟

پھر وہ سورج جو میرے وجود میں سما گیا تھا اچانک باہر نکل کر دور کہیں افق کے اس پار کھو گیا۔ لیکن جاتے جاتے اس کی کرنیں جو روشنی بخش گئی تھیں وہ اب بھی نوک قلم سے

نور کی بوندیں بن کر ٹپکتی ہے۔ اور محسوس ہوتا ہے کہ کرب کی اس انتہا ہی کو عرفان کہتے ہیں جو شاعری (اور اچھی شاعری) کیلئے بے حد ضروری ہے ورنہ ذہن کی دھرتی بنجر رہ جاتی ہے۔ ایک پھول بھی نہیں کھلتا۔ میری شاعری اسی سورج کی دین ہے وہ کہیں بھی، کسی افق پر بھی چمکے، اس کی کرنوں کا ہر زاویہ میری ہی ذات پر ختم ہوتا ہے۔ اسی اعتماد نے آج تک بے شمار شعر کہلوائے ہیں۔ اور شائد قلم سے نور کی یہ بوندیں اس وقت تک ٹپکتی رہیں گی جب تک سورج زندہ ہے اور اس کی کرنیں شبنم کے وجود پر ضو پاشیاں کر رہی ہیں۔

نور کی انہیں بوندوں نے بھیگی آنکھوں کا وہ موسم عطا کیا ہے جو روح کو فرحت اور تازگی بخشتا ہے۔ شائد اس موسم کی خنکی کسی آنکھ میں کھب جائے۔ کہیں پلکوں پہ رک جائے اور کسی دل میں اتر آئے۔

مجھے یاد ہے۔ برسوں پہلے ایک خوش فکر شاعر نے کہا تھا۔ "یاد رکھئے آپ کے کلام میں اس وقت تک اثر پیدا نہیں ہو سکتا جب تک آپ زندگی کے درد سے واقف نہ ہو جائیں۔"

آج

اپنے دل کا خزانہ پرائے ہاتھوں میں سونپتے ہوئے سوچتی ہوں۔ اگر اس شعری مجموعے کو پڑھ کر ایک بھی دل متاثر ہوا تو سمجھوں گی کہ میرے احساس کی کشتی درد کی لذتوں کے ساحل سے جا لگی۔ ورنہ اسے ایک شکستہ سفینہ سمجھ کر خود ہی غرقاب کر دوں گی۔

رفیعہ شبنم عابدی

شہر کے کوچہ و بازار میں کٹ جاتی ہے
میری آواز مرے گھر ہی میں دب جاتی ہے

رفیعہ شبنم کی شاعری

ٹوٹے برتنوں اور کانچ کی چوڑیوں کی آواز

عزیز قیسی

کچھ ٹوٹے برتنوں کی صداؤں میں گم ہوئے
کچھ زندگی کے درد غزل میں سمٹ گئے

ہندی میں تو عورت کی شاعری کی روایت بہت پرانی ہے بلکہ ہندی شاعری کی ایک اہم صنف گیت (تو مردوں کی شاعری) عورتوں کی زبان میں رہی ہے۔ لیکن اردو میں عورتوں کی شاعری کی روایت ریگستان کے اس دریا کی طرح ہے جو کوسوں پھیلا ہے لیکن کہیں چمکیلے ریت کے گیلے پن سے، کبھی ریت کی پرت ہٹا کر ڈھونڈنے سے، کبھی آندھیوں کے جھکڑوں سے ریت کی اوپری پرت اُڑ جانے سے، اس کے وجود کے نشان ملتے ہیں۔

عورتوں نے یوں مرثیوں، نوحوں، قصیدوں اور ناصحانہ نظموں کی صورت میں شاعری کی ہو تو کی ہو سنجیدہ ادبی شاعری ان کے لئے Taboo ہی رہی اور طبقہ اشراف کی وہ عورتیں جن کے سر دل کو آنچلوں نے ڈھک رکھا تھا اور جن کے جذبات پر ایک زمانے سے دوپٹے کا کساؤ، دم گھوٹنے والا تھا۔ جن کی آواز کبھی پردے کے باہر سنی نہیں جاتی تھی، ایسا تو نہیں ہے کہ انہوں نے شعر نہیں کہے ہوں گے یا شعر کہنے کی ترنگ نے انہیں بے چین نہیں کیا ہوگا۔ لیکن

افسوس بے شمار سخن ہائے گفتنی
خوفِ فسادِ خلق سے ناگفتہ رہ گئے

پچھلی صدی میں ایک ہیجان سا وضع داریوں اور دوپٹوں آنچلوں کی دنیا میں برپا ہوا۔ عورتوں نے کہنا سننا شروع کیا۔ ان کی آواز پردوں کے باہر بھی سنی جانے لگی لیکن ادب میں پھر بھی عورتیں کم ہی نظر آتی ہیں اس کے بعد بھی جو عورتیں ,, قلم و قرطاس ,, کی انگلی پکڑے بے پردہ ہوئیں تو ان میں بیشتر افسانہ نگار تھیں شاید اسلئے کہ افسانہ میں آپ بیتی کو ,, پربیتی ,, بنانے کا بہترین حیلہ ہے۔ اس طرح فساد خلق ,, سے بچنے کی ڈھال ان کے ہاتھ آگئی۔ شعر کا ایوان پھر بھی عورتوں سے خالی ہی رہا۔

قلم و قرطاس کے علاوہ اردو شاعری کی ایک اور جولان گاہ بھی ہے۔ مشاعرہ۔ مشاعروں میں بھی ,, پس چلمن ,, رہنے والی اکّا دکّا شاعرات کا ذکر ہی ملتا ہے۔ ہاں آزادی کے بعد جب ہوائیں ذرا تیز چلیں اور آنچل ڈھلکے۔ دوپٹے سرکے۔ چلمنیں ہٹیں تو کچھ چہرے شہ نشینوں کے پیش منظر میں نظر آنے لگے۔ لیکن پیش منظر کی یہ عورتیں بھی صنف نازک کی ادا آفرینی اور نوا طرازی سے داد لوٹتی نظر آتی ہیں۔ ان میں سے اکثر ,, لعبتانِ شعر ,, کی ڈوریاں پس منظر میں رہنے والے مردوں کے ہاتھ میں رہیں۔ مشاعرے میں شعر کی سطح بلند نہیں ہوتی اس لئے اگر کوئی خاتون، خود شعر بھی کہتی ہے تو اس کا ادبی قد چھوٹا ہی ہوتا ہے۔

رفیعہ شبنم ــــ نہ پس چلمن رہ کر اپنی آواز کو بے حجاب کرنے والی خواتین میں ہیں، نہ مشاعروں کے پیش منظر میں رہنے والی شاعرات ہیں ــ وہ ,, شاعری ,, کی سنجیدہ، باشعور، ذہین اور حساس نسل سے تعلق رکھتی ہیں۔ جن کے لئے شاعری نمود و نمائش کے لئے نہیں بلکہ ایک طبعی مجبوری ہے۔

اس صدی کی ساتویں دہائی میں جب ساری دنیا میں عورتوں نے اپنی پامالی اور استحصال کے خلاف مثبت منفی تحریکیں شروع کیں۔ ان کا اثر اس برصغیر پر بھی پڑا اور ہندوستان اور پاکستان میں ادا جعفری، شفیق فاطمہ شعریٰ جیسی معدودے چند شاعرات کے بعد زہرہ نگاہ، فہمیدہ ریاض، اور پھر کشور ناہید، پروین شاکر، شاہدہ حسن وغیرہ کی ایک ذہین اور بے باک شاعرات کی کھیپ آئی۔ رفیعہ شبنم انہیں شاعرات میں ہیں جن کو اپنی جنس پر کوئی ندامت، اعتذار اور دکھ نہیں۔ جن کو اپنی محرومیوں کا احساس بھی ہے، محرومیوں کے اسباب و علل کا شعور بھی ہے اور اپنی فتح مندیوں کا غرور بھی اور اپنی انا کا پاس بھی۔ اتفاق سے یہ ساری شاعرات متوسط طبقے کی ہیں۔ اس طبقے

کے ورثے میں ملا ہوا جبر بھی ان کے شعر میں موجود ہے اور اس جبر کے خلاف کبھی تلخ بغاوت کا لہجہ بھی اور کبھی صبر کا مثبت احتجاجی لہجہ بھی۔

فہمیدہ ریاض اپنی بے باک نظموں اور ایجی ٹیشنل شاعری کی وجہ سے مشہور ہیں۔ ان کی شاعری میں داخلی اور خارجی جذبات کے درمیان کوئی خط تمیز کھنچا ہوا نہیں ہے۔ اس لئے ان کی شاعری میں غزل بھی کم ہے اور تغزل بھی کم کم۔ کشور ناہید بھی اپنی جنس، کے بے محابا اظہار کے باوجود نظم کی ہی شاعرہ ہیں۔ البتہ ۷۰ء کے بعد پروین شاکر صدفی صد عورت۔ اور متوسط طبقے کی حساس عورت کے روپ میں اردو شاعری میں نمودار ہوئیں ان کی نظموں اور غزلوں میں۔ عورت پن، بے حد واضح اور دلکش ہے جسے عورت پن سے زیادہ لڑکی پن کہنا مناسب ہے۔

رفیعہ شبنم اگرچہ اسی قبیل کی شاعرہ ہیں۔ ان کے جذبات کی ایک سطح بھی یہی منزل عمر ہے لیکن یہ صرف ایک سطح ہے۔ ان کی شاعری (خاص طور پر غزلیں — نظمیں اس مجموعے میں کم ہیں اور ایک طرح سے غزلوں کے مقابلے میں اتنی اہم بھی نہیں ہیں) کئی سطحوں پر پھیلی ہوئی ہے۔ صرف عشق اور دل گرفتگی کی دھیمی دھیمی آنچ ہی نہیں، ان کی شاعری میں عورت کی جو شخصیت ابھرتی ہے وہ لڑکی نہیں، مسلم، متوسط طبقے کی "عورت" ہے۔ جس کا بچپن مذہبی ماحول میں گذرا۔ ماں باپ۔ بھائی بہنوں کی توجہ اور عدم توجہ کا تجربہ جسے نیم شعوری حالت میں ہوا۔ اور جس کے (صو

ہمارے جسموں پہ زخموں کے پھول کیوں نہ کھلیں　　کہ یہ بنا ہی ہوا خاکِ کربلا کا ہے

لبِ ہو یہ مری بستی ہے نہیں ہے کوفہ　　پھر یہ کیا بات کہ جسموں پہ ردائیں بھی نہیں

تڑپ رہی تھی ہر اک موج پیاس ایسی تھی　　شکست کھا گئے خنجر، گلا بھی ایسا تھا

لہو کے داغ ابھی تک ہیں اس کے دامن پر　　زمانہ دے نہ سکا، خوں بہا بھی ایسا تھا

یہ اور بات ہے کہ ردا سر سے چھن گئی　　ورنہ میں شاہزادی حقدارِ تخت تھی

یہ شام کا بازار ہے یا کرب و بلا ہے　　ہر خواب مرا وقت کے نیزے پہ چڑھا ہے

یہ سب ان کے ذہنی سرمائے میں ان روایات کا ذخیرہ بھی ہے جو انہیں ورثہ میں ملی ہیں۔ اگر وہ اس "دولت بے بدل" سے کام لیں تو یہی وصف ان کی شناخت بن سکتا ہے۔

ساتھ پروین شاکر کی طرح ہجرت کی خوشبو۔ تو نہیں ہے لیکن جو دیہات اور چھوٹے قصبے سے بڑے شہر میں، جنگلوں، پہاڑوں، تتلیوں، پیڑوں، پرندوں کی خوشبوئیں، آوازیں اور رنگ اپنے ساتھ لے آئی۔ آغازِ عمر کی یہ دنیا — پھر آغازِ شباب کی دلچسپ۔ دل انگیز الجھنیں — شادی جو عورت کے سماجی وجود کی تکمیل کا ایک "غمِ نشاط اور نشاطِ غم کا تجربہ ہے۔ پھر ماں بننے کی طمانیت اور بے چینی — ان سب شعوری۔ نیم شعوری اور لاشعوری سرمائے نے ان کی شاعری کو "عورت پن" کی کئی جہتیں دی ہیں۔

کس کا چہرہ دیکھ لیا تھا سوتے سوتے بچپن میں
خوابوں کی بے رنگ ندی میں برسوں ڈوبی، ابھری میں

تم نے تتلی کے پروں کو بھی چھوا ہے لیکن
ان میں وہ رنگ کہاں میری ہتھیلی جیسا

شہر کے بھیگتے منظر تو مجھے راس نہیں
مور نے جنگل میں رہوں، دھوپ میں جل کر دیکھوں

ایک مدت سے تمنا ہے کچن میں تیرے
چوڑیاں بن کے بجوں، زلف کی صورت مہکوں

اب فقط رنگ لئے ہاتھ میں پھرتے رہیئے
اس سے اچھا تھا کہ تتلی نہ اڑائی ہوتی!

روز اِک فون کی امید پہ جیتے رہنا
یہ بھی عادت ہو کوئی باؤلے پن کی جیسے

تیرے ستم کی دھوپ مرے گھر بھی آئیگی
یہ جانتی اگر تو دریچے نہ کھولتی

اس کو پھولوں ہی کے بستر پہ سلانا یارب
جس نے کانٹے مرے آنچل میں سجا رکھے ہیں!

فطرت انا پسند۔ طبیعت کی سخت تھی
لیکن وہ جانتا تھا کہ میں لخت لخت تھی

وہ تو بزدل تھی ترے ساتھ نہ آنے پائی
تو جری تھا تو اسے کس لئے اغوا نہ کیا

خوشی سے جی نہ سکی بے دلی سے مر نہ سکی!
میں اپنے آپ سے انصاف بھی تو کر نہ سکی

ایک پتھر ہی کو سونپی تھی کلائی اپنی
چوڑیاں ٹوٹ گئی ہیں تو شکایت کیسی

غزل اگرچہ منتشر اور بکھرے خیالوں کی شیرازہ ہوتی ہے لیکن ذہن کے سنہاں خانوں میں نہ جانے کتنے ایسے خیال ایک دوسرے سے الجھتے رہتے ہیں جو ہماری ذات پر صرف ایک احساس کا عکس ہی ڈالتے ہیں۔ اور ذہن کے آئینہ خانے میں یہ عکس، عکس در عکس ہوتے ہیں۔ ہم کئی سطحوں پر جیتے ہیں۔ اس لئے کئی سطحوں پر سوچتے ہیں۔ رفیعہ کی سوچوں کا ایک پہلو یہ بھی ہے۔

میرے بچوں کی ہنسی گونج رہی ہے جس میں!
ایسا آنگن ہی تو ہے اور ہے جنت کیسی

دشمنی یوں بھی نکالی جائے گی
گھر میں پھر آئے گا لفظوں کا عذاب

ڈائری میری چرالی جائے گی
میرے پر کھوں تک یہ گالی جائے گی

کٹی تنخواہ پھر اب کے مہینے!
خبر نہیں یہ اسیری ملی تو کیسے ملی!

مزے بدلے ہوئے ہیں سالنوں کے
ہمارے ہاتھ تھے اور چوڑیوں کا گھیرا تھا

میں بھی رادھا ہے کوئی تم نہیں ہو شیام شبنم
سانولے رنگ کا میرا بھی تو گردھاری ہے

صنف غزل بے حد مقبول صنف ادب ہے۔ اس کی یہ خوبی ہی اس کی خرابی بھی ہے کہ ایک دور (ایک عہد نہیں) کی غزلیں مختلف شعراء کی ہوتے ہوئے بھی ایک دوسرے سے زیادہ مختلف نہیں ہوتیں۔ ہر دور کا ایک کلیشے ہوتا ہے۔ ہر دور کے کچھ پسندیدہ مضامین ہوتے ہیں۔ کچھ الفاظ، استعارے، کچھ امیج علامتیں، کچھ کنائے اشارے اور تلمیحیں۔ ہر دور کا چلتا سکہ ہوتے ہیں۔ اس لئے ایک ہی دور کے شعراء کی تخلیقات میں انہیں آوازوں کی گونج سنائی دیتی ہے ان آوازوں کے ہجوم میں کہیں اگر کوئی اور آواز اپنا قد اونچا کر کے الگ دکھائی دے تو اسے غنیمت سمجھنا چاہئے۔ رفیعہ کی غزلوں میں بھی پھول، کلی، شبنم، سورج، سایہ، تتلی، چوڑیاں، پیڑ، پہاڑ شجر، سانپ، جوگی، چڑیاں، ریت، کاجل، آنچل وغیرہ۔ کبھی منظر آفرینی کے لئے کبھی معنی آفرینی

کے لئے اور کبھی اثرآفرینی کے لئے اس طرح استعمال ہوئے ہیں اور بار بار استعمال ہوئے ہیں جیسے آج کی تقریباً ہر غزل میں آپ کو مل جائیں گے۔ لیکن جس طرح ہر انسان کی تجسیم و تشکیل میں ایک ہی تار و پود، جسم و جاں کا استعمال ہونے کے باوجود ہر انسان اپنی الگ پہچان رکھتا ہے۔ اس طرح ہر شاعر اور فنکار کی یکساں دور اور یکساں تجربات و احساسات کے باوجود اپنی ایک انفرادی شناخت بھی ہوتی ہے۔ رفیعہ کی شاعری بھی اس دور کی مروجہ شاعری کے تار و پود سے تشکیل پانے کے باوجود اپنی ایک الگ شناخت بھی رکھتی ہے۔

کسی سماجی، سیاسی فلسفے سے وابستگی نہ ہونے کے باوجود انسان کے درد سے وابستگی، انسان پر اعتماد، ایک درد گزیدگی اور درد مندی۔ جو ان سے یہ کہلواتی ہے۔

پھر اب کی بار لہو رنگ بارشیں برسیں
پتہ نہیں کہ وہ کن جنگلوں سے آئی تھیں

کسی نے کاٹ دیئے ہیں سروں کے جنگل پھر
ہمارے شہر کو جن آندھیوں نے گھیرا تھا

کل جو آیا تھا کار کے نیچے
اس کے ہاتھوں میں اک چونی تھی

کل بزرگوں کی حویلی کا بھی نیلام ہوا
لی گئی ہے مرے سیندور کی قیمت کیسی

تھی رہین درد و غم یا حاصل نغمات تھی
زندگی جیسی بھی تھی بخشی ہوئی سوغات تھی

بقا پھر آج فنا کی نظر کی زد میں ہے
اک آفتاب نسیم سحر کی زد میں ہے

ندا یہ آئی کہ اپنی اڑان کم کردے
یہ آسمان ترے بال و پر کی زد میں ہے

ایک اور قابل ذکر پہلو بھی ہے۔ تلمیحات کے استعمال کا۔ رفیعہ نے اگرچہ کرشن رادھا، یوسف زلیخا، میرا گوتم، جوگی ایسی تلمیحات کا کئی جگہ استعمال کیا ہے۔ اور ان سے اپنے ذاتی تجربے کو گہری معنویت دینے کی کوشش کی ہے۔ لیکن کچھ تلمیحات کرداروں اور واقعات کا ذکر کئے بغیر استعمال کی ہیں۔

جو بھائی لوٹ کے آئے کبھی نہ دریا سے
انہیں کے بازو قوی تھے، بدن اکہرے تھے (مسعود)

حمد

فَبِاَیِّ آلاءِ رَبِّکُمَا تُکَذِّبَانْ (سورہ رحمٰن)

اور تم اپنے رب کی کون کونسی نعمتوں کو جھٹلاؤ گے

میرے معبود!
میرے خدا!
میرا اللہ کوئی نہیں
صرف تیرے سوا!

تُو نے بخشیں مجھے درد کی لذتیں
کرب کی دولتیں
ایقاں کے لعل و گہر
آگہی کے خزینے
تو نے بخشی مری انگلیوں کو
حرف اُگانے کی طاقت
الفاظ کی فصلیں
معنی کے برگ و ثمر

میری آنکھوں کو خوابوں کے تحفے دئے
ذہن کے تپتے صحرا کو دیں فکر کی بارشیں
خوبصورت خیالوں کی ٹھنڈی ہوائیں

میرے آنگن کو اشکوں کا ساون دیا
درد کے پیڑ کو زخم کے پھول اور غم کی بیلیں عطا کیں

غم،
کہ عرفانِ ذات
حاصلِ کائنات
غم کہ توقیر ہے زندگی کی
غم کہ تشہیر ہے بندگی کی
غم جو انسان کے آلودہ جذبوں کی تطہیر ہے
روح کا نور ہے

میرے پروردگار!
مالکِ جسم و جاں!
خالقِ بحر و بر!
عادل و داد گر!
تیری یہ بے بہا نعمتیں
ایک احسان ہے
تیرا احسان ہے
مجھ پہ احسان ہے

میرے مسجود!
ہاں مجھ کو اقرار ہے

ان کی تکذیب کی مجھ میں ہمت نہیں
تو رحیم و کریم
تو ہی رحمٰن ہے

میرے معبود!
میرے خدا!
میرا اللہ کوئی نہیں
صرف تیرے سوا
صرف تیرے سوا
صرف تیرے سوا !!!

ہر قطرہ جگمگائے گا خورشید کی طرح
ہرگز نہ بجھ سکے گی ہمارے لہو کی آگ

نعت

وَالْقُرْآنِ الْحَکِیمِ اِنَّکَ لَمِنَ الْمُرْسَلِینَ (سورۂ یٰس)

(اس پُر از حکمت قرآن کی قسم (اے رسول) تم بلاشک یقینی پیغمبروں میں سے ہو)

ریت کے صحرا میں کب تک منہ چھپائیں
تند آندھی کے تھپیڑوں سے کہاں تک خوف کھائیں
تیز طوفان کی ضربیں
جسم کی چٹان پر کب تک سہیں
اپنے ہاتھوں سے سجے اصنام کو کب تک خدا مانیں
ساتھیو!
آؤ!
قُلْ ھُوَ اللّٰہُ اَحَد کا
تیشۂ دم دار لے کر
وقت کی سنگلاخ وادی میں چلو
سر خوشی کی ایک جوئے شیر پھر پیدا کریں!
منہ کے بل گر جائیں جب لات و منات
اِک مئے وحدت کا ساغر
نام پر اُس ساقیٔ برحق کے
پی لیں
جو ہماری

سیکڑوں برسوں کی پیاسی
آتماؤں کو
ہمیشہ کے لئے
سیراب کرنے آگیا تھا

جس نے
اس تپتے ہوئے صحرا کی بادِ تند میں
عرفان کی خنکی
ہماری ایک ایک رگ میں سمو دی
خون میں گھولی
حِرا کی فرحت افزا خامُشی
اور سِکھا دی
وحشتوں کو بندگی
شائستگی
تابندگی
پائندگی
اُس فقیرِ بے نوا
سادہ قبا
شبنم ادا
آتش نفس
جانِ عرب
اعلیٰ نسب
اُمّی لقب
کو
ساری دنیا کا سلام !!

منقبت

خَلَقنَا اُمَّةً یَهدُونَ بِالحَقِّ وَبِهِ یَعدِلُونَ

اور ہماری مخلوقات سے کچھ لوگ ایسے بھی ہیں جو دینِ حق کی ہدایت کرتے ہیں اور حق ہی حق انصاف بھی کرتے ہیں۔ ——— (اعراف)

ریگزاروں کی شبِ تیرہ میں جب
سورج نے اپنا سر اُبھارا
ظلمتوں کے پاسباں
اندھی گپھاؤں سے نِکل کر
سرخ ہونٹوں پر زبانیں پھیرتے
خون کی زہریلی پیاس
اور
گوشت کے بھوکے نشے میں
قتل کرنے کی غرض سے
دُور، سورج کے تعاقب میں چلے
اور وہ، تابندہ سورج
جو سیہ دھرتی کا سینہ جگمگانے آگیا تھا
کرب و غم سے مسکرایا
چارسُو نصرت طلب نظروں سے دیکھا
دور تک پرچھائیاں تھیں قاتلوں کی
قہقہے باطل کے تھے
ایمان کے سُونے کھنڈر تھے

خامشی تھی
تیرگی تھی
آفتابِ رحمتِ عالم کی آنکھوں کی چمک بجھنے لگی !
دفعتاً
اِک دُبلا پتلا، منحنی، کمسن، جواں بادل بڑھا
اور اُس تابندہ سورج سے یہ بولا
ایک سائے کی طرح
میں
ہر جگہ، ہر پل تمہارا ساتھ دوں گا
اس گھڑی بھی
جب تمہاری راہ میں کانٹے
بچھائیں جائیں گے، ایذائیں دی جائیں گی، ہجرت
کے لئے مجبور ہو کر
جب تمہیں ترکِ وطن کرنا پڑے گا
اور اُس لمحہ بھی جب
ریگِ تپاں پر
جسم اور ایمان کی قوت کا مشکل امتحاں ہو گا
ہر جگہ یوں ہی مجھے
سینہ سپر پاؤ گے تم ــــــــــ

پھر وہی کمزور بادل
اِک مجاہد کا توانا ہاتھ بن کر
ظلمتوں کو کاٹتا

صف پاٹتا
سورج کے سائے میں کہیں گم ہو گیا
اور
اس بادل سے
گیارہ سائے یوں پیدا ہوئے جو
ہر سدی، ہر لمحہ، ہر پل
بس اُسی تابندہ سورج کی حفاظت
اور اس کی روشنی کے واسطے
زیرِ خنجر مسکرا کر قتل ہوتے جا رہے
زہراب پیتے جا رہے!
آج تک اُن گیارہ سایوں سے نکل کر
کتنے سائے
قتل ہوتے جا رہے ہیں
صرف اُس سورج کی خاطر
جو سیہ دھرتی کا سینہ جگمگانے آ گیا تھا
کاش! ——————
کہ میرا بھی بیٹا، رباب سایہ
اور میرے گھر کے سارے تمام زندہ سائے
انہیں سایوں میں
مدغم ہو کے
اس تابندہ سورج کی بقا کے واسطے

موت کی تاریک وادی میں
کہیں سو جائیں
گم ہو جائیں
کھو جائیں
(ہمیشہ کے لئے)

غزلیں

تیرے ستم کی دھوپ مرے گھر بھی آئے گی
یہ جانتی اگر تو دریچہ نہ کھولتی

یہ مری جاگتی آنکھوں سے بغاوت کیسی
رات کو دیر سے گھر آنے کی عادت کیسی

ایک پتھر ہی کو سونپی تھی کلائی اپنی
چوڑیاں ٹوٹ گئی ہیں تو شکایت کیسی

تم کوئی رام نہیں میں بھی نہیں ہوں سیتا
پھر یہ بن باس اٹھانے کی ضرورت کیسی

کل بزرگوں کی حویلی کا بھی نیلام ہوا
لگ گئی ہے مرے سیندور کی قیمت کیسی

آئینہ چور ہوا ہے تو کوئی غم نہ کرو
عکس میں بٹ کے جو رہ جائے وہ صورت کیسی

وہ تو ضدی ہی نہیں، زودفراموش بھی تھا
اس کو الفت ہی نہیں تھی تو عداوت کیسی

میرے بچوں کی ہنسی گونج رہی ہے جس میں
ایسا آنگن ہی تو ہے اور ہے جنت کیسی

سرفروشی پہ مری اس کی یہ تاویلیں ہیں!
شوقِ تشہیرِ وفا تھا یہ شہادت کیسی

صرف قاتل ہے وہ شبنم کا پرستار نہیں
ڈھونگ سورج نے رچایا ہے عقیدت کیسی

بدلتی رت پہ ہواؤں کے سخت پہرے تھے
لہو لہو تھی نظر، داغ داغ چہرے تھے

یہ راز کھل نہ سکا حرفِ نارسا پہ مرے
صدائیں تیز بہت تھیں کہ لوگ بہرے تھے

وہ پوچنے کی سیاست سے خوب واقف تھا
وہی چڑھائے جو گیندے کے زرد سہرے تھے

جو بھائی لوٹ کے آئے کبھی نہ دریا سے
انھیں کے بازو قوی تھے، بدن اکہرے تھے

اسی سبب سے مرا عکس ٹوٹ ٹوٹ گیا
اس آئینے میں کئی اور بھی تو چہرے تھے

سمندروں کا وہ پیاسا تھا اور اداس تھی میں
وہ ابر لوٹ گیا جس کے لب سنہرے تھے

ان آنچلوں پہ کوئی سجدہ ریز ہو نہ سکا
کہ جن کے رنگ بہت شوخ اور گہرے تھے

سماعتوں کے دھندلکوں میں کھو گئے شبنم
وہ سارے لفظ جو پلکوں پہ آ کے ٹھہرے تھے

دل جو سیراب تھا چھائی ہوئی بدلی جیسا
اب کے ساون میں ہے تپتی ہوئی دھرتی جیسا

تم نے تتلی کے پروں کو بھی چھوا ہے لیکن
ان میں وہ رنگ کہاں میری ہتھیلی جیسا

آ کہ شانوں پہ یہ پھیلا ہوا کالا بادل
کہیں ہو جائے نہ دھنکی ہوئی روئی جیسا

ایک آوارہ ہوا کر گئی اغوا اس کو
کھو گیا وہ بھی کہیں پھول کی پتی جیسا

کتنے بے نام سے خوابوں کو رھائی دیگیا
ایک جذبہ جو چلا آتا ہے آندھی جیسا

اف یہ آنکھیں کہ مرے خواب تھے نازاں جن پر
اُن کا بھی حال ہوا میرؔ کی دہلی جیسا

کس کی آواز کا جادو ہے کہ شبنمؔ اکثر
ڈوبتی رات میں بول اٹھتا ہے چوڑی جیسا

بھول جاتے ہیں تقدّس کے حسیں پل کتنے
لوگ جذبات میں ہو جاتے ہیں پاگل کتنے

روز خوشبو کے مقدّر میں رہی خود سوزی
اپنی ہی آگ میں جلتے رہے صندل کتنے

سبز موسم نہ یہاں پھر سے پلٹ کر آیا
ہو گئے زرد مرے گاؤں کے پیپل کتنے

خودکشی، قتلِ انا، ترکِ تمنّا، بیراگ
زندگی! تیرے نظر آنے لگے حل کتنے

بارشیں ہوتی ہیں جس وقت بھری آنکھوں کی
راکھ ہو جاتے ہیں جلتے ہوئے آنچل کتنے

ہر قدم کوئی درندہ، کوئی خونخوار عقاب
شہر کی گود میں آباد ہیں جنگل کتنے!

بے رخی اس کی رلائے گی لہو کیا شبنمؔ
زخم کھاتے ہی رہے ہم تو مسلسل کتنے

فطرت اَنا پسند، طبیعت کی سخت تھی
لیکن وہ جانتا تھا کہ میں لخت لخت تھی

یہ اور بات ہے کہ ردا سر سے چھن گئی
ورنہ میں شاہزادئ حقدارِ تخت تھی

تم ہی بچا سکے نہ ہواؤں کے وار سے
سوکھی ہوئی زمین کا تنہا درخت تھی

شہزادہ آسماں سے اُترتا مرے لئے
ایسی کہاں کی میں کوئی فرخندہ بخت تھی

تھی اُس کی بات یوں تو بجا بھی درست بھی
لہجے کے اعتبار سے تھوڑی کرخت تھی

شبنم کی یاد ذہن سے ایسے اُتر گئی
جیسے کسی غریب مسافر کا رخت تھی

بھیگے موسم میں تمناؤں کا سودا نہ کیا
اپنے جذبات کو میں نے کبھی رسوا نہ کیا

وہ تو بزدل تھی ترے ساتھ نہ آنے پائی
تو جری تھا تو اسے کس لئے اغوا نہ کیا

تو نے پتھرانے کے ڈر سے نہیں دیکھا مڑ کر
دیو کے خوف سے میں نے ترا پیچھا نہ کیا

سبز رنگوں کو چرانے کی خطا کی تھی مگر
زرد پتوں نے خزاں سے کوئی شکوا نہ کیا

کب تک آخر میں دریچے کی سلاخیں گنتی
تو نے اچھا کیا آنے کا جو وعدہ نہ کیا

وہ جو پردیس سے لکھنے کا کیا تھا وعدہ
آج تک تو نے وہ خط مجھ کو روانہ کیا

قرضِ شبنم کا تھا سورج کی شعاعوں پہ بہت
دھوپ نکلی بھی مگر اس نے تقاضا نہ کیا

گرتے ہوئے مکاں کے ستونوں کی خیر ہو
پھر زیرِ آب آئے درختوں کی خیر ہو

طوفان ہے بلا کا، ہوائیں بھی تیز ہیں
اُترے ہیں پانیوں میں مچھیروں کی خیر ہو

نیزوں میں گھرتی جاتی ہے فریاد العطش
کوزہ بدست نکلے ہیں، پیاسوں کی خیر ہو

چپ تو کرا دیا ہے مگر ڈر رہی ہے ماں
بچے خفا خفا ہیں کھلونوں کی خیر ہو

اب کے برس بہار بھی شعلہ بکف ملی
دیوانگی بڑھی ہے لباسوں کی خیر ہو

لفظوں کا ہیر پھیر تجارت ہے آج کی
اللہ آسمانی کتابوں کی خیر ہو

بستی سے ہو کے آئی ہیں مسموم آندھیاں
صحرا میں جلنے والے چراغوں کی خیر ہو

محفوظ رکھنے والی دعائیں کہاں سے لائیں
بوڑھے چلے گئے ہیں، جوانوں کی خیر ہو

پلکوں پہ جم رہی ہے گذشتہ شبوں کی راکھ
پھر خواب دیکھنے لگیں آنکھوں کی خیر ہو

شبنمؔ یزیدِ وقت کو درکار ہے لہو
سچائیوں کے چاہنے والوں کی خیر ہو

یہ نہیں کہتی کہ بت اور تراشا نہ کرو
کم سے کم میری پرستش کا تو دعویٰ نہ کرو

مجھ سے رخصت کے یہ منظر نہیں دیکھے جاتے
آؤ پردیس سے تو لوٹ کے جایا نہ کرو

اب یہاں کوئی بھی سورج نہیں آنے والا
بادلو تم مرے آنگن میں تو برسا نہ کرو

تم مجھے چھوڑ کے جب چاہو چلے جاؤ مگر
دوستوں میں مری تذلیل کا چرچا نہ کرو

اس عبادت پہ کوئی کفر کا فتویٰ نہ لگے
میرے آنچل پہ خدارا کوئی سجدا نہ کرو

مجھ کو تسلیم کہ تم جھوٹ نہیں بولو گے
بات بے بات قسم اسطرح کھایا نہ کرو

شوخ بیباک ہواؤں سے یہ کہہ دو شبنم
اپنے جذبات کی تقدیس کو رسوا نہ کرو

کسی تلوار پہ چمکوں، نہ ہی دامن پہ سجوں
میں تو شبنم ہوں بنوں کیسے بھلا قطرۂ خوں

شہر کے بھیگتے منظر تو مجھے راس نہیں!
سُونے جنگل میں رہوں، دھوپ میں جلکر دیکھوں

ایک مدّت سے تمنا ہے کچن میں تیرے
چوڑیاں بن کے بجوں، زلف کی صورت مہکوں

تو کبھی میرے لئے زرتار دوپٹہ لائے
میں کبھی تیرے لئے رنگین سوئیٹر بن دوں

گیلے بالوں کو سکھاؤں ترے گھر کی چھت پر
تیرے آنگن میں کبھی آنکھ مچولی کھیلوں

کھڑکیوں سے تری جھانکوں کبھی بادل بن کر
اور کبھی ٹوٹ کے دیوار پہ در پہ برسوں

جس کا عنواں ہو ترا نام، فقط نام ترا!
اپنے ماتھے پہ کوئی ایسی کہانی لکھوں

کونسے شہر کو جھلسائے گی یہ گرم ہوا
کہیں سورج نظر آجائے تو اس سے پوچھوں

اس کی آنکھوں میں رہوں بن کے حقیقت شبنم
میں کوئی خواب نہیں ہوں کہ بھلا دی جاؤں

خشک ہونٹ، نم آنکھیں، گرم جھونکا، سناٹا
کم نہ تھا قیامت سے رودلوں کا سناٹا

شہر کا یہ شور و غل وحشتوں کا ضامن ہے
اس سے خوبصورت ہے جنگلوں کا سناٹا

کوئی تو سبب ہو گا گھر میں خامشی کیسی
کچھ تو کہہ رہا ہے یہ چلمنوں کا سناٹا

کھڑکیاں بھی چپ چپ ہیں، بولتے نہیں پردے
رازدار کس کا ہے آنچلوں کا سناٹا

آج بھی ہوا اس کی کچھ خبر نہیں لائی
پوچھتا رہا کتنا آنگنوں کا سناٹا

اب سہا نہیں جاتا درد خالی ہاتھوں کا
کاش کوئی سن لیتا، کنگنوں کا سناٹا

اس کی پیاس جب دیکھی ریت سے گلے ملکر
پھوٹ پھوٹ کر رو دیا چھاگلوں کا سناٹا

آسکو تو آجاؤ اب بھی شام ہوتے ہی
انتظار کرتا ہے راستوں کا سناٹا!

جاں بلب پرندوں کی ہوگئی دعا مقبول
ٹوٹ کر رہا آخر بادلوں کا سناٹا!

حرف کا وہ جادوگر جب سے اٹھ گیا شبنم
کتنا روح فرسا ہے محفلوں کا سناٹا!

مئی کا آگ لگاتا ہوا مہینا تھا
گھٹا نے مجھ سے مرا آفتاب چھینا تھا

بچا کے تجھ سا رفو گر نہ مل سکا لیکن
یہ تار تار وجود ایک دن تو سینا تھا

اسے یہ ضد تھی کہ ہر سانس اسکی خاطر ہو
مگر مجھے تو زمانے کے ساتھ جینا تھا

یہ ہم ہی تھے جو بچا لائے اپنی جان دیکر
ہوا کی زد پہ تری یاد کا سفینہ تھا

ندی خجل تھی کہ بھیگی ہوئی تھی پانی میں
مگر پہاڑ کے ماتھے پہ کیوں پسینا تھا

تم ان سلگتے ہوئے آنسوؤں کا غم نہ کرو
ہمیں تو روز ہی یہ زہر ہنس کے پینا تھا

تمام عمر کسی کا نہ بن سکا شبنم
وہ جس کو بات بنانے کا بھی قرینہ تھا

کوئی افسانہ کہوں اور نہ افسوں تجھ کو
تو حقیقت تھا مگر خواب ہی سمجھوں تجھکو

یہ الگ بات کہ آنکھوں میں کوئی آس لئے
دشت میں، شہر میں، گلزار میں ڈھونڈوں تجھ کو

تو مسلسل مجھے آواز کی مالا میں پرو
میں بھی اشعار کی پازیب میں باندھوں تجھ کو

یوں تو دن بھر ترے لفظوں کے اجالوں میں رہی
شام ہو جائے تو اک پھول کو سونپوں تجھ کو

بند پلکوں کی منڈیروں پہ چراغاں کر دوں
کالے پانی کے جزیروں میں چھپا لوں تجھ کو

تو وہ خوشبو کہ ہر اک پھول سے رشتہ تیرا
کیسے اس طرح بکھرنے سے بچاؤں تجھ کو

میں بھی شبنم ہوں فقط کوئی زلیخا تو نہیں
تو بھی یوسف تو نہیں ہے کہ خریدوں تجھ کو

ذات کے کرب کو لفظوں میں دبائے رکھا
میز پر تیری کتابوں کو سجائے رکھا

تو نے اک شام جو آنے کا کیا تھا وعدہ
میں نے دن رات چراغوں کو جلائے رکھا

کس سلیقے سے خیالوں کو زباں دے دے کر
مجھ کو اس شخص نے باتوں میں لگائے رکھا

میں وہ سیتا کہ جو لچھمن کے حصاروں میں رہی
تو وہ جوگی کہ الکھ پھر بھی جگائے رکھا

شائد آ جائے کسی روز وہ سجدہ کرنے
اسی امید پہ آنچل کو بچھائے رکھا

چوڑیاں رکھ نہ سکیں میری نمازوں کا بھرم
پھر بھی ہاتھوں کو دعاؤں میں اٹھائے رکھا

جانے کیوں آ گئی پھر یاد اسی موسم کی
جس نے شبنم کو ہواؤں سے بچائے رکھا

خود فریبی ہے، دغا بازی ہے، عیاری ہے
آج کے دور میں جینا بھی اداکاری ہے

تم جو پردیس سے آؤ تو یقیں آ جائے
اب کے برسات، یہ سنتے ہیں، بڑی پیاری ہے

میرے آنگن میں تو کانٹے بھی ہرے ہو نہ سکے
اس کی چھت پہ تو مہکتی ہوئی پھلواری ہے

چوڑیاں کانچ کی قاتل نہ کہیں بن جائیں
سحر انگیز بڑی ان کی گلوکاری ہے!

کاش بجلی کوئی چمکے، کوئی بادل برسے
آج کی شام زمینوں پہ بہت بھاری ہے

کھا گئی گرمیِ جذبات کو موسم کی ہوا
آج ہر شہر فقط برف کی الماری ہے

میں بھی رادھا سے کوئی کم تو نہیں ہوں شبنم
سانولے رنگ کا میرا بھی تو گردھاری ہے

ہوائیں تیز ہیں طوفان بھی بلا کا ہے
یہ امتحان عجیب میکر ناخدا کا ہے

نہ تم ہی لوٹ کے آئے، نہ ہم نے دی آواز
سوال دونوں ہی جانب محض انا کا ہے

اتر سکا نہ ہتھیلی سے آج تک میری
جو شوخ رنگ ترے لمس کی حنا کا ہے

تمہارا شہر عذابوں کی زد میں ہے شائد
اثر یہ ٹوٹے ہوئے دل کی بددعا کا ہے

بجا کہ پھول سے چہروں نے اوڑھ لیں زلفیں
مگر ملال تو چھینی ہوئی ردا کا ہے

لرزتے کانپتے پتوں کی بے بسی مت پوچھ
عجیب خوف سا چاروں طرف ہوا کا ہے

ہمارے جسم پہ زخموں کے پھول کیوں نہ کھلیں
کہ یہ بنا ہی ہوا خاکِ کربلا کا ہے

فریبِ گوش ہیں شبنم تمام آوازیں
کہ لفظ لفظ پہ دھوکا اسی صدا کا ہے

میں اپنی شوخ نگاہی سے خود ہی ڈرتی ہوں
کہ بے سبب ہی بناتے ہیں لوگ افسانے

وہ ایک شخص مرے ذہن پر جو غالب تھا
مرے مزاج میں تبدیلیوں کا طالب تھا

وہ دل نہیں تھا، سمندر تھا ریت کا شاید
ہر ایک لفظ جہاں تشنۂ مطالب تھا

بڑے خلوص سے سونپا تھا اعتبار جسے
یقین نہ آئے گا ہرگز کہ وہ بھی خالب تھا

غلط یہ بات کہ اس کو کوئی خبر ہی نہیں
جو میرے ہوش کا دشمن خرد کا سالب تھا

چمک رہا ہے افق سے پرے کہیں شبنم
جو آفتاب مرا قلب، میرا قالب تھا

ابر چھایا تھا فضاؤں میں تری باتوں کا
کتنا دلکش تھا وہ منظر بھری برساتوں کا

بجھتی شمعوں کے تعفن سے بچانے تجھ کو
میں نے آنچل میں سمیٹا ہے دھواں راتوں کا

کوئی شہنائی سے کہہ دو ذرا خاموش رہے
شور اچھا نہیں لگتا مجھے باراتوں کا!

لاکھ دروازے ہوں چپ اور دریچے خاموش
چوڑیاں راز اگلتی ہیں ملاقاتوں کا

دھوپ بھی تیز ہے شبنم کا بھروسا بھی نہیں
وقت بھی باقی نہیں اب تو مناجاتوں کا

جھوٹے سچے خواب سجائے نیند سے بوجھل آنکھیں
جانے کس کو ڈھونڈھ رہی ہیں بھیڑ میں پاگل آنکھیں

ترسے ترسے بھیگے نین کے درد کو تم کیا جانو
تم نے دیکھی ہوں گی ہرنی جیسی چنچل آنکھیں

ڈھکے چھپے جذبوں کی کھلی تشہیر کی دھمکی دیکر
خوف زدہ رکھتی ہیں دل کو ہر دم، ہر پل آنکھیں

کتنا جھوٹا تھا وہ جوگی جاتے ہوئے کہتا تھا
پردیسی کو یاد رہیں گی سدا یہ جل تھل آنکھیں

جب دل کی دہلیز پہ بیتی رت کے دیئے جلتے ہیں
آجاتی ہیں یاد کسی کی ویراں جنگل آنکھیں

تیرا مقدر رنگیں آنچل، مہکا گجرا، بانہیں
میری قسمت جلتا دامن، بھیگا کاجل، آنکھیں

درد کی ریت کے اندر اندر شادابی اتری ہے
زخم کے پیاسے ہونٹوں پر رکھتی ہیں چھاگل آنکھیں

خوابوں کے ویران جزیرے جل تھل ہو جاتے ہیں
اس کی یاد میں بن جاتی ہیں جس دم بادل آنکھیں

دیکھ کے شبنم کی آنکھیں اک دیوانہ یہ بولا
پہلے کبھی دیکھی نہ تھیں ایسی جھیل سی شیتل آنکھیں

نگاہ دیکھ نہ پائی غبار ایسا تھا
وہ سامنے تھا مگر اضطرار ایسا تھا

مرے غرور کا پتھر پگھل کے موم ہوا
کہ اس کی گرم نگاہوں میں پیار ایسا تھا

غلط کہ اس کے سوا کوئی اور مل نہ سکا
نظر نہ بھول سکی، شاندار ایسا تھا

کوئی تلاش تھی اسکی اداس آنکھوں میں
وہ رک تو جاتا مگر بے قرار ایسا تھا

لہولہان بدن لے کے پھر کہاں جاتی
یہ سچ سہی کہ وہ گھر خارزار ایسا تھا

ان آنسوؤں کے تلے کتنے خواب بھیگے تھے
کوئی بھی دیکھ نہ پایا، نکھار ایسا تھا

نہ میں کسی کی ہوئی اور نہ کوئی اسکا ہوا
اسے یقین، مجھے اعتبار ایسا تھا

وہ مجھ کو مانگ رہا تھا مری اجازت سے
یہ تھا تو جبر مگر اختیار ایسا تھا

پڑے ہوئے تھے تمنّا کے بے کفن لاشے
ہمارا جسم بھی شبنم مزار ایسا تھا

ایک اک کر کے سبھی لوگ بچھڑ جاتے ہیں
دل کے جنگل یونہی بستے ہیں، اجڑ جاتے ہیں

کیسے خوش رنگ ہوں، خوش ذائقہ پھل ہوں لیکن
وقت پر چکھے نہیں جائیں تو سڑ جاتے ہیں

غم کی آندھی سے کہاں ڈرتے ہیں جذبے دل کے
یہ پرندے تو ہواؤں سے بھی لڑ جاتے ہیں

اپنے لفظوں کے تاثر کا ذرا دھیان رہے
حاکم شہر! کبھی لوگ بھی اڑ جاتے ہیں

ریت تاریخ کے سینے سے ہٹاتے ہیں وہی
آبلے پیاسی زبانوں میں جو پڑ جاتے ہیں

ایسے کچھ ہاتھ بھی ہوتے ہیں کہ جن کے کنگن
توڑنے والے کے احساس میں گڑ جاتے ہیں

شبنم انداز تکلم میں کشش لازم ہے
ورنہ الفاظ سمٹتے ہیں، سکڑ جاتے ہیں

سُورج کے گرم ہاتھ جو شبنم سے کٹ گئے
بھیگی ہوئی ہوا کے گلے سے لپٹ گئے

آئینہ توڑنے پہ بڑا جن کو ناز تھا
وہ خود بھی اب تو سینکڑوں عکسوں میں بٹ گئے

صدیوں سے خودکشی کی تمنا رہی جنہیں
وہ خواب آج وقت کی پٹری پہ کٹ گئے

کچھ ٹوٹتے برتنوں کی صداؤں میں گم ہوئے
کچھ زندگی کے دردِ غزل میں سمٹ گئے

وہ بھی تو آکشش کی نظر سے نہ بچ سکے
ماؤں کی گودیوں سے جو بچے چمٹ گئے

سورج کہاں، درازئ قد کیسے ناپئے
سائے بڑھے، وجود مٹے، جسم گھٹ گئے

شبنمؔ نظر میں ان کی سمندر تھے ہم کبھی
بکھریوں ہوا کہ اپنے ہی اندر سمٹ گئے

رات کو کیسا یہ ہنگامہ ہوا
چاند کا چہرہ ہے سنولایا ہوا

اس کا دروازہ مجھے تکتا رہا
دستکوں کے خوف سے سہما ہوا

فون پر جب گفتگو کی آپ سے
شہر بھر میں اس کا آوازہ ہوا

اک پرندہ پھڑپھڑاتا ہے کہیں
دور اونچی شاخ پر بیٹھا ہوا

جس پہ تھی انگشتِ مطرب تیز تر
ساز کا وہ تار ہے ٹوٹا ہوا

تو نے جس سے نام لکھا تھا مرا
وہ قلم ہے آج تک مہکا ہوا

کوئی قاتل آگیا ہوگا یہاں
شبنم اک سگریٹ ملا کچلا ہوا

ہم نے مانا کہ اندھیروں سے لڑائی ہوتی
تم میں ہمت تھی تو اک شمع جلائی ہوتی

سرد موسم کی ہواؤں سے اگر بچنا تھا
دھوپ کے پاؤں میں زنجیر بندھائی ہوتی

اب فقط رنگ لئے ہاتھ میں پھرتے رہیئے
اس سے اچھا تھا کہ تتلی نہ اڑائی ہوتی

انگلیاں جب تری خوشبو سے مہک اٹھی تھیں
کیا ضروری کہ ہتھیلی بھی حنائی ہوتی

مجھ کو پت جھڑ کے حوالے ہی اگر کرنا تھا
یہ ہرے کانچ کی چوڑی نہ پنہائی ہوتی!

ان میں کچھ سانپ بھی تھے روپ میں انسانوں کے
بھید کھل جاتا اگر بین بجائی ہوتی

کتنا پاگل تھا وہ شبنم کا تمنائی تھا
پیاس اپنی کسی دریا سے بجھائی ہوتی

پروائیاں کواڑ بہت کھٹکھٹائیں گی
لیکن گئی رتیں کبھی واپس نہ آئیں گی

گر آسکو تو ان کی صدا سن کے لوٹ آؤ
یہ چوڑیاں ہیں کانچ کی، پھر ٹوٹ جائیں گی

زلفوں کے بادلوں پہ اگر برف جم گئی
آنکھیں تری بھی ہم کو نہ پہچان پائیں گی!

موسم کے ساتھ ساتھ پرندے چلے گئے
شاخیں سروں کو جوڑ کے قصے سنائیں گی

صحرا کی پیاس دیکھ کے خوش ہوگا آفتاب
قیدی گھٹائیں پھر بھی رہائی نہ پائیں گی

بادل برس کے چل دیئے نادان سیپیاں
اب اپنی اپنی کوکھ میں موتی چھپائیں گی

جب بھی کسی کی زلف جبیں سے ہٹاؤ گے
کیا یہ سیہ لٹیں نہ تمہیں یاد آئیں گی!

شبنم خبر ہے گرم کہ سورج کے ساتھ آج
چنچل ہوائیں آئیں گی دھومیں مچائیں گی

جس کی یاد میں عمر گنوائی، اک دنیا کو بھولی میں
جی کہتا تھا اس سے کہہ دوں، لیکن کیسے کہتی میں

میری ذات کا جس کی نظر سے اتنا گہرا رشتہ ہے
اس کی آنکھ سمندر جیسی، ہری بھری اک دھرتی میں

بند کواڑوں پر اک جانی پہچانی دستک جو سنی
چھوڑ کے بھاگی گرم توے پر یوں ہی جلتی روٹی میں

کس کا چہرہ دیکھ لیا تھا سوتے سوتے بچپن میں
خوابوں کی بے رنگ ندی میں برسوں ڈوبی ابھری میں

سب سے بڑا یہ جرم تھا میرا، اسی لئے بدنام ہوئی
ساری دنیا جہاں گری تھی اسی موڑ پر سنبھلی میں

یہ بھی سچ ہے ایسے کب تک مل جل کر چل سکتے تھے
کچھ تو وہ بھی تھا ہرجائی، تھوڑی سی تھی ضدی میں

کہتے ہیں برسات تو پتھر میں بھی پھول کھلاتی ہے
بت کیطرح خاموش رہا وہ، پھوٹ پھوٹ کر روئی میں

پردیسی کی چاہت کیسی، قسمیں کیا اور وعدے کیا
اتنی بات بھی جان نہ پائی آخر کتنی ناپگلی میں

یوں ہی شائد جاتے جاتے اس نے ادھر بھی دیکھا تو
جاڑوں کا موسم تھا لیکن سر سے پا تک بھیگی میں

میرے لئے تو جینے کا یہ ایک سہارا کافی ہے
کوئی چاہے کچھ بھی کہہ لے، تیری نظر میں اچھی میں

میری مجبوری نے شبنمؔ جس کو بدظن کر ڈالا
اس کی قسم تھی جان سے پیاری جھوٹی کیسے کھاتی میں

گھرے ہیں چاروں طرف بیکسی کے بادل پھر
سلگ رہا ہے ستاروں بھرا اک آنچل پھر

بس ایک بار ان آنکھوں کو اس نے چوما تھا
ہمیشہ نم ہی رہا آنسوؤں سے کاجل پھر

یہ کیسی آگ ہے جو پور پور روشن ہے
یہ کس نے رکھدی مری انگلیوں پہ مشعل پھر

پھر اب کی بار لہو رنگ بارشیں برسیں
کسی نے کاٹ دیئے ہیں سروں کے جنگل پھر

رگوں میں تپتی ہوئی خوشبوئیں مچلنے لگیں
ملا بدن پہ نئے موسموں نے صندل پھر

کہیں تو ریت سے چشمہ نکل ہی آئے گا
بھٹک رہا ہے وہ کاندھوں پہ لیکے چھاگل پھر

پھر اس اکیلی بھری دوپہر نے جھلسا ہے
کہ یاد آنے لگا صبح سے وہ پاگل پھر

بقا پھر آج فنا کی نظر کی زد میں ہے
اک آفتاب نسیم سحر کی زد میں ہے

اڑان آج بھی اس کو بچانا پڑے گی
پرندہ پھر اسی گرتے شجر کی زد میں ہے

ہوائیں تیز ہیں، امکان بھی ہے طوفاں کا
سفینہ جھومتے، اندھے بھنور کی زد میں ہے

خدا ہی خیر کرے مچھلیاں ہیں خوف زدہ
سمندر آج ابھرتے قمر کی زد میں ہے

ندا یہ آئی کہ اپنی اڑان کم کر دے
یہ آسمان ترے بال و پر کی زد میں ہے!

اداس پلکوں پہ ٹھہری ہے انتظار کی دھول
مرا مکان تری رہگذر کی زد میں ہے

کسی نظر میں ستارہ بنا رہا شبنم
وہ حسن جو آج سلگتے شرر کی زد میں ہے

یوں نہ قسطوں میں ملاقات کو تقسیم کرو
زندگی پھر نہ ملے گی اسے تسلیم کرو

آندھیاں صرف تباہی کا سبب ہوتی ہیں
اپنے بہکے ہوئے جذبات کی تنظیم کرو

میں نے سچ بولنے کا جُرم کیا ہے، سچ ہے
اب سزا کوئی مرے نام بھی ترقیم کرو

میں بھی عورت ہوں، یہی میرا مقدّر ٹھہرا
مجھ پہ الزام لگاؤ، مری تذمیم کرو

بات پتّھر ہی نہیں پھول بھی ہو سکتی ہے
اپنے الفاظ میں تھوڑی سی جو ترمیم کرو

کیسے بے چہرہ تخیّل کی ملے گی پہچان
کوئی پیکر ہی تراشو، کوئی تجسیم کرو

میں نے اک پیاسے کو سیراب کیا ہے شبنمؔ
صرف اک بوند ہوں لیکن مری تعظیم کرو

اپنے ہر خواب کو جلتے ہوئے دیکھا میں نے
پھر بھی آنکھوں سے بہائے نہیں دریا میں نے

وہ مرے شہر میں یوسف کی طرح آیا تھا
بننا چاہا نہ مگر خود ہی زلیخا میں نے

سبز موسم کی پرندوں نے خبر دی جب سے
سرخ گملوں کو دریچوں پہ سجایا میں نے

یہی سمجھا کہ ہواؤں نے شرارت کی ہے
وہ کھڑا ہی رہا، دروازہ نہ کھولا میں نے

پھر بھی جلتا ہی رہا دھوپ میں تلسی کا بدن
نیم کا پیڑ بھی آنگن میں لگایا میں نے

میری صورت کے سوا بھی کئی تصویریں تھیں
اسی ڈر سے تری آنکھوں میں نہ جھانکا میں نے

جب سے شبنم مرے سورج کو ہوا نے چھینا
سر پہ رکھا نہیں اس دن سے دوپٹہ میں نے

بھلا دیا کہ وقارِ حسب نسب کیا تھا
جو تو ملا تو یہ سوچا نہ کون، کب کیا تھا

اگر وہ جھوٹ نہیں تھا، تو سچ کبھی ہو نہ سکا
جو سن رہی تھی زبان سے تری وہ سب کیا تھا

ہر ایک بات تو شاید بھلا نہ پاؤں گی!
بس اتنا بھول سکی ہوں ترا لقب کیا تھا

یہی تو غم ہے کہ اب تک یہ راز کھل نہ سکا
کہ وہ چلا جو گیا روٹھ کر، سبب کیا تھا

ترے لیے تو اسی روز مر چکی تھی میں
پھر اس کے بعد جو زندہ رہی، عجب کیا تھا

ہر اک سوال پہ میرے وہ بس خموش رہا
یہ احتراز کا پہلو تھا یا ادب، کیا تھا

ہر لمحہ اضطراب رہا بے کلی رہی
اس زندگی میں کون سی ایسی کمی رہی

شہنائیوں کی گونج میں وہ کھو گیا کہیں
ماتھے پہ میرے اس کی بندیا سجی رہی!

آخر مرے خلوص میں تھی کون سی کمی
وہ جا چکا تھا اور میں یہ سوچتی رہی

کہنے کو یوں تو ایک اکیلا درخت تھا
کتنی رتوں سے اس کی مگر دوستی رہی

مانا کہ پروقار بھی تھا خوش کلام بھی
فطرت میں اس کی پھر بھی بڑی سادگی رہی

مجبوریاں، خموشیاں اور نارسائیاں
ان برف کی سلوں میں تمنا دبی رہی

یوں مطمئن بھی ہیں کہ وہ اپنے وطن میں تھا
اس نے بچھڑ کے ویسے تو آزردگی رہی !

کیوں دل کو خوفناک اندھیرے ڈسا کئے
آنگن میں رات بھر تو مرے چاندنی رہی

مرچوں کے تیز ہونے پہ وہ چیختا رہا
خود اس کے بھی مزاج میں تیزی وہی رہی

شبنم ہماری آنکھوں میں صحرا تھا ریت کا
اس کے اداس ہونٹوں پہ بھی تشنگی رہی

صبح کا بھولا ہوا شام کو گھر تو آیا
مدتوں بعد وہی خواب نظر تو آیا

یہ الگ بات کہ کانٹے بھی لہو رنگ ملے
ذائقہ پیاس کے جنگل سے گذر تو آیا

درد کی تیز ہوائیں نہ بکھرنے دیں گی
شاخ مژگاں پہ کوئی تازہ ثمر تو آیا

کس اندھیرے نے پکارا تھا یہ دیکھا ہی نہیں
چاند آکاش سے دھرتی پہ اتر تو آیا

اس سے کیا باعث تاخیر کی بابت پوچھوں
رات کے پچھلے پہر لوٹ کے گھر تو آیا

یہ تو اچھا ہوا پلکوں نے سنبھالے آنسو
ورنہ جی دیکھ کے اس شخص کو بھر تو آیا

کسی بندیا کسی جھومر کی ضرورت ہی نہیں
میرے ماتھے پہ ترا نام ابھر تو آیا !

غم کا عرفان بھی شبنم کسے ہوتا ہے نصیب
ایک ہی شب میں ترا روپ نکھر تو آیا

خوشی سے جی نہ سکی، خوشدلی سے مر نہ سکی
میں اپنے آپ سے انصاف بھی تو کر نہ سکی

وہ ابر ہوں کہ جسے کوئی آسماں نہ ملا
وہ بدنصیب ہوا جو کہیں ٹھہر نہ سکی

میں ایسی کونسی سچ بولنے کی عادی تھی
کہ زیرِ خنجرِ بیداد بھی مکر نہ سکی

وہ آرزو جو ترے پاس آکے جاگی تھی
دبی کچھ ایسے کہ تاعمر پھر ابھر نہ سکی

بچھڑ کے اس سے عجب معجزہ ہوا ہے شبنم
میں ٹوٹ تو گئی لیکن ذرا بکھر نہ سکی

بیٹھی رہی تنہائی کے سونے بن میں
بادل کو بھی آواز نہ دی ساون میں

یہ سوچ کے پتھر کو اٹھایا ہوتا
بیری نہیں ہوتی ہے ہر اک آنگن میں

اک نقش بنا مہندی بھرے ہاتھوں پہ
دو بول چھپے بجتے ہوئے کنگن میں

ہر شام ہواؤں نے یہی پوچھا ہے
یہ کس کے لئے پھول چنے دامن میں

اس بھیڑ میں چہروں کی ابھی تک نہ ملا
کھویا تھا تصور نے جسے بچپن میں

مدت سے ترا خط جو نہیں آیا ہے
کیا کیا نہ خیال آئے ہیں بیری من میں

وہ جس کے لئے بن گئی میرا شبنم
رہتا ہے کہیں دور وہ سندرابن میں

ہر اک نرم و نازک کلی کو شکنجے میں کسنے کا فن جانتا تھا
بظاہر وہ افعی نہیں تھا مگر پھر بھی ڈسنے کا فن جانتا تھا

یہی تو سبب ہے کہ اب تک سبھی کی دعاؤں میں شامل رہا وہ
کہ دِل میں، خیالوں میں، ذہنوں میں، نظروں میں بسنے کا فن جانتا تھا

اُسے بہتے دریاؤں میں ڈوب کر پار اُترنے کی عادت نہیں تھی
وہ تپتی ہوئی وادیوں کے بدن پر برسنے کا فن جانتا تھا

وہ تھا پارسا یا بلا نوش تھا، یہ سمجھ میں کسی کے نہ آیا
چھلکتے ہوئے جام پاکر بھی قصداً ترسنے کا فن جانتا تھا

میں شبنم تھی پھر بھی خود اپنے ہی جذبوں کو سیراب کرنے نہ پائی
وہ شعلہ تھا لیکن خود اپنی تپش میں جھلسنے کا فن جانتا تھا

ٹھوکریں کھا کے بھی کچھ لوگ سنبھلتے ہی نہیں
ایسے پتھر ہیں جو شعلوں سے پگھلتے ہی نہیں

میرے بچے کوئی سچ مچ کی پری مانگے ہیں
اب وہ بے جان کھلونوں سے بہلتے ہی نہیں

اس قدر دھوپ کی شدت نے کیا خوفزدہ
لوگ اب شام کو بھی گھر سے نکلتے ہی نہیں

وہ جو ہوتے ہیں خود اپنی ہی انا کے قیدی
کسی شیشے، کسی سانچے میں وہ ڈھلتے ہی نہیں

پیاسی دھرتی کا مزا لوٹتے پھرتے ہیں یونہی
اب یہ بادل کہ جو ساون میں مچلتے ہی نہیں

کون سی دھرتی کے باسی ہیں یہ دنیا والے
رنگ اتر جاتے ہیں، ملبوس بدلتے ہی نہیں

میں نے ہر پھول کے ہونٹوں ہنسی دی شبنم
میری پلکوں پہ جو کانٹے ہیں، نکلتے ہی نہیں

دشمنی یوں بھی نکالی جائے گی
ڈائری میری چُرالی جائے گی

قتل کرنے آئے گا پھر آفتاب
رات نیزوں پر اچھالی جائے گی

اب کے ساون میں بھی وہ لوٹا نہیں
اب کے بھی برسات خالی جائے گی

گھر میں پھر اترا ہے لفظوں کا عذاب
میرے پرکھوں تک یہ گالی جائے گی

نیم ایسے ہی اگر بڑھتا رہا
پاس کے آنگن میں ڈالی جائے گی!

پھر وہی تنخواہ کٹ جانے کا ڈر
پھر مری ہر بات ٹالی جائے گی

شاخ پر بڑھنے لگا سورج کا ہاتھ
پھول سے شبنم اٹھالی جائے گی

کس قدر حبس ہے، بھیگی سی ہوائیں بھی نہیں
کوئی بجلی نہیں، گھنگھور گھٹائیں بھی نہیں

کیسے موسم کی تمازت سے رہائی ہوگی
کارفرما کسی جوگی کی دعائیں بھی نہیں

بی بیو! یہ مری بستی ہے، نہیں ہے کوفہ
پھر یہ کیا بات کہ جسموں پہ ردائیں بھی نہیں

وہ تو پردیس بلائیں گے نہ بھولے سے کبھی
حکم یہ بھی ہے کہ ہم آپ سے آئیں بھی نہیں

دل کی بستی میں عجب خوف ہے سناٹا ہے
دور تک شور نہیں اور صدائیں بھی نہیں

کتنا ضدی ہے وہ بچوں کی طرح روٹھا ہے
اور کہتا ہے کہ اب لوگ منائیں بھی نہیں

میرے معبود! یہ شبنم سے تغافل کیسا
کیا ترے پاس خطاؤں کی سزائیں بھی نہیں

اسی لئے تو وہ آتا ہے دیر سے گھر کو
خدا کرے کہ لگے آگ اس کے دفتر کو

جھکا دیا سرِ تسلیم زندگی بھر کو
اور اسطرح سے بچایا بسے ہوئے گھر کو
چھٹا تھا جو مری معصومیت کے ہاتھوں سے
وہ مجھ سے مانگ رہا ہے، اسی کبوتر کو
اسی لئے مرے بازو رسن میں جکڑے گئے
کہ میں نے سر سے ہٹانے دیا نہ چادر کو
لہولہان ہوئے ہاتھ تو خیال آیا
میں یوں ہی پھول سمجھتی ایک پتھر کو
وہ آفتاب اُترتا نہیں اب آنکھوں میں
میں لے کے جاؤں کہاں آخر اس سمندر کو
تم اپنے جھوٹ پہ کیوں اِسقدر پشیماں ہو
مجھے یقین ہے اس پر، چلو ہٹو، سر کو

وہ بے رُخی کا برش پھیرتا رہا شبنمؔ
میں خون دیتی رہی ہر حسین منظر کو

تنکے ہوا میں اڑتے ہی بیباک ہو گئے!
شعلوں کی زد پہ آکے مگر خاک ہو گئے

بہتے ہوئے لہو کے سمندر گواہ ہیں
انساں ہمارے دور کے سفاک ہو گئے

ناگفتہ حرف حرف کی ترسیل سیکھ لی
گونگے بھی اب تو شاعرِ چالاک ہو گئے

پہلے بھی کم نہیں تھے یہ جسموں کے راہزن
اس دور میں تو اور خطرناک ہو گئے

جب سے گئے ہو میرے سرہانے دھرے دھرے
تازہ گلاب سب خس و خاشاک ہو گئے

یوں روئے ہیں لپٹ کے گھٹاؤں سے ایک سال
دو نین اک چٹان کے نمناک ہو گئے

ہم اپنے گاؤں میں تو شگفتہ تھے پھول سے
شبنمؔ جو شہر آئے تو بس خاک ہو گئے

وہ پیڑ جس پہ ہری خوشبوؤں کا ڈیرا تھا
اسی پہ ایک سیہ ناگ کا بسیرا تھا

پتہ نہیں کہ وہ کن جنگلوں سے آئی تھیں
ہمارے شہر کو جن آندھیوں نے گھیرا تھا

شفیق لمس کی خوشبو گئی نہیں اب تک
کسی نے پیار سے بالوں پہ ہاتھ پھیرا تھا

تمہاری تپتی نظر نے بھی چھاؤں مانگی تھی
ہماری پلکوں کا سایہ بھی کچھ گھنیرا تھا

تمام عمر ترے انتظار میں گذری
ابھی تھی رات، ابھی دن، ابھی سویرا تھا

خبر نہیں یہ اسیری ملی تو کیسے ملی
ہمارے ہاتھ تھے اور چوڑیوں کا گھیرا تھا

مچل رہی ہیں لہو میں یہ ناگنیں کیسی
یہاں ابھی بھی شائد کوئی سپیرا تھا

ہر اک کلی تھی اسی سرو قد کی شیدائی
کہ جسکے بازو قوی تھے بدن چھریرا تھا

یہ راز آج ہوا کو بتا دیا شبنم
کہ آفتاب تیرا ہے اور میرا تھا!

جو بچھڑ جائے اسے خواب ہی سمجھا جائے
ہر تعلق ترے انداز میں توڑا جائے

جھوٹ کو سچ کی طرح مان ہی لینا اچھا
کس لئے آپ کی ہر بات کو پرکھا جائے

تتلیاں رنگ لٹانے کیلئے آئی ہیں
پھول کو شاخ سے اس وقت نہ توڑا جائے

اپنے انجام سے واقف ہی نہیں ہیں آنکھیں
ان سے کہہ دو کہ کوئی خواب دیکھا جائے

جس کی فطرت میں فقط زود فراموشی ہے
کیا ضروری کہ اسے یاد ہی رکھا جائے

اپنے آنچل میں کرن ٹانک رہی تھی میں تو
خون کی بوند یہ کیسی ہے نہ پوچھا جائے

کچے آموں کی مہک آتی ہے امرائی سے
ایسے موسم میں دوپٹوں کو رنگایا جائے

چھت پہ آنے لگے پروائی کے بھیگے جھونکے
ڈھول کی تھاپ پہ بابل کوئی گایا جائے

لینے آیا ہے مجھے چاندنگر سے کوئی!
راستہ اس کا ستاروں سے سنوارا جائے

انکا خط پاکے بھی اک لفظ نہ لکھیں شبنم
کم سے کم اتنا تغافل تو دکھایا جائے

اس نے دیکھے ہی نہیں بھیگتے منظر کتنے
موج زن تھے مری آنکھوں میں سمندر کتنے

طنز، الزام، گلہ، تلخ نوائی، دشنام
ایک ہی شیشے پہ مارے گئے پتھر کتنے

میرے انکار کا ایک زخم اٹھایا نہ گیا
تم نے تو میری طرف پھینکے تھے خنجر کتنے

ارتقا چاٹ گیا سیکڑوں نسلوں کا لہو
آدمی بن نہ سکے آج بھی بندر کتنے

کوئی پیمانہ تو ہو جس سے یہ اندازہ ہو
کتنے بونے ہیں یہاں اور قدآور کتنے

تم کو آنا تھا، نہ آئے، نہ کبھی آؤ گے
اڑ گئے روز امیدوں کے کبوتر کتنے

اک محبت بھری تحریر نہ بھیجی شبنم
یوں تو بھیجے مجھے پردیس سے زیور کتنے

کچھ بدلیوں کے ساتھ بھی شامیں بتا تو لیں
سورج نے میرے واسطے کرنیں بچا تو لیں

اب کون خوشبوؤں کی صدا سن کے آئیگا
زلفوں میں انتظار کی کلیاں سجا تو لیں

پلکوں کے موتیوں کو نہ تجھ سے چھپا سکی
سن کر ترا سوال نگاہیں جھکا تو لیں!

ساغر کو ایک بار بھی چھوڑا نہ ہاتھ سے
قسمیں ہماری آنکھوں کی سو بار کھا تو لیں

یہ فکر بھی رہی کہ اندھیرے نہ روٹھ جائیں
دل میں ترے خیال کی شمعیں جلا تو لیں

اب چاہے عمر بھر کے لئے دوریاں رہیں
کچھ ساعتیں خلوص کی شبنم نے پا تو لیں

دل کے صحرا کی تپش کا اس قدر چرچا ہوا
ایک پُروائی کا جھونکا آ گیا بھیگا ہوا!

وہ بہت مجبور تھا، معذور تھا، مقہور تھا
اس کی باتوں سے مجھے اتنا تو اندازہ ہوا

جانے کس تتلی سے ہو کر دل گرفتہ اس قدر
پھول کانٹوں کی طرف آیا ہے گھبرایا ہوا

وہ پسِ دیوار آنسو پونچھتی ہی رہ گئی
کوئی موٹر سائیکل پر چل دیا ہنستا ہوا

فاصلوں کی برف پگھلی، لمس کی شمعیں جلیں
پیڑ صندل کا ہوا کے ساتھ ہی شعلہ ہوا!

ریت کے طوفان کی زد میں کہیں آیا نہ ہو
اک پرندہ شاخ پر شعلوں کی تھی بیٹھا ہوا

اس کے ہونٹوں پر بظاہر مسکراہٹ تھی مگر
آج شبنمؔ سے ملا کچھ سوچ میں ڈوبا ہوا

تیرے میرے جو خاندان ہوئے
اگلے وقتوں کے سب نشان ہوئے

کس نے خنجر کی فصل بوئی تھی
کھیت سارے لہو لہان ہوئے

سرخ آندھی ادھر بھی آئی تھی
گاؤں والے بھی خستہ جان ہوئے

جن کی دیواریں بات کرتی تھیں!
کتنے سنسان وہ مکان ہوئے

میں تو بس یونہی مسکرائی تھی
اس کو کیا کیا مگر گمان ہوئے

آندھیوں میں جو سر اٹھاتے تھے
اب کے وہ پیڑ بھی کمان ہوئے

اس کڑی دھوپ میں ہمیں شبنم
آج بادل ہی سائبان ہوئے

نارسائی کا چلو جشن منائیں ہم لوگ
شائد اس طرح سے کچھ کھوئیں تو پائیں ہم لوگ

ریت ہی ریت اگر اپنا مقدر ٹھہرا
کیوں نہ پھر ایک گھروندا ہی بنائیں ہم لوگ

جسم کی قید کوئی قید نہیں ہوتی ہے
آؤ سب جھوٹی حدیں توڑ کے جائیں ہم لوگ

اس بدلتے ہوئے موسم کا بھروسا بھی نہیں
گیلی مٹی پہ کوئی نقش سجائیں ہم لوگ

روک پائیں گے نہ لمحات کے موسم ہم کو
ایک دیوار زمانہ تو ہوائیں ہم لوگ

اپنے جذبات کے پاکیزہ تحفظ کے لئے
کبھی ملبوس کبھی گرم ردائیں ہم لوگ

کوئی سورج نہ کسی رات کے دامن میں گرا
مانگتے ہی رہے صدیوں سے دعائیں ہم لوگ

چاند اترا نہیں ابتک بھی زمیں پر شبنمؔ
ایک مدت ہوئی دیتے ہیں صدائیں ہم لوگ

ذہن میں حرفِ دعا بھی چُپ تھا
میں تھی خاموش خدا بھی چُپ تھا

جس کے تلوؤں سے ٹپکتا تھا لہو
آج وہ برہنہ پا بھی چُپ تھا

کچھ لکیروں نے بھی کہنے نہ دیا
اور کچھ رنگِ حنا بھی چپ تھا

یوں اندھیروں نے کیا تھا حملہ
چاند بے نور، دیا بھی چپ تھا

دل کبھی تیرا گِلہ نہ کر سکا
حد یہ ہے روز جزا بھی چپ تھا

کون تھا جس کو مقابل پاکر
میرا احساسِ انا بھی چپ تھا

جانے کیا بات تھی شبنم آخر
آج وہ شعلہ نوا بھی چپ تھا

فاصلے قربتیں بنے کیوں تھے
قربتیں تھیں تو فاصلے کیوں تھے

عکس تقسیم ہو چکا تھا اگر
آئینے ٹوٹ کر جڑے کیوں تھے

جب مری آنکھ ڈبڈبائی تھی!
لوگ بے ساختہ ہنسے کیوں تھے

لمس کے سب دیئے بجھے تھے اگر
انگلیوں کے سرے جلے کیوں تھے

جب ہوا بھی یہاں نہیں آئی
پھر دریچے ڈرے ڈرے کیوں تھے

کوئی بارات اس کے گھر نہ گئی
سیج پر پھول پھر سجے کیوں تھے

ان کو کھونا ہی تھا اگر شبنم
لفظ شعروں میں پھر ڈھلے کیوں تھے

دعویٰ جسے تقسیم نہ ہونے کا رہا ہے
وہ اپنی ہی مرضی سے کئی بار بٹا ہے

جب بھی تری یادوں نے ہمیں گھیر لیا ہے
برتن کبھی ٹوٹا ہے، کبھی ہاتھ جلا ہے

یہ شام کا بازار ہے یا کرب و بلا ہے
ہر خواب مرا وقت کے نیزے پہ چڑھا ہے

سیلاب گلی کوچوں میں آیا تو ہے لیکن
آنگن مرا اس سال بھی سوکھا ہی پڑا ہے

وہ پیڑ جو تنہا ہے، اکیلا ہے چمن میں
کتنی ہی رتوں کا وہ مزہ لوٹ چکا ہے

شائد کہ یہیں تم نے مرا نام لکھا تھا
دیوار پہ اک حرف ہے جو مٹنے لگا ہے

یارب مرے سورج کو ہواؤں سے بچانا
شبنم کی عقیدت ہیں زمیں بوس ہوا ہے

تھی رہینِ دردِ غم یا حاصلِ نغمات تھی!
زندگی جیسی بھی تھی، بخشی ہوئی سوغات تھی

فاتحانہ ہنس رہا تھا ریزہ ریزہ دیکھ کر
چوڑیوں کی چیخ میں پوشیدہ جس کی مات تھی

بڑھ گئی تھی اس قدر آنکھوں کے موسم کی تپش
اب کے ساون میں مری پلکوں پہ بھی برسات تھی

بے ارادہ پھر انہیں رستوں کی جانب چل پڑی
تو نہ تھا لیکن ترے قدموں کی آہٹ ساتھ تھی

قتل کرتا جا رہا تھا مجھ کو لمحوں کا یزید
پیاس کا صحرا تھا اور غم کی اندھیری رات تھی

پشت پر تھا میرا قاتل، سامنے آئینہ تھا
کتنی دلکش اور نازک صورتِ حالات تھی

پیاس سورج کی بنی شبنم کی رفعت کا سبب
چند قطروں کی اگر سوچو تو کیا اوقات تھی

چاند کو دیکھ کے چھپتا ہے وہ چوروں جیسا
اک زمانے میں تو پاگل تھا چکوروں جیسا

جس نے گرنے نہ دیا سر سے دوپٹہ میرے
اس سے رشتہ تھا کوئی ریشمیں ڈوروں جیسا

دیکھنے میں تو سلونا تھا مرا پردیسی
دل پہ قابض ہے مگر آج بھی "گوروں" جیسا

اس کے وعدوں کا خزانہ تھا کہ جادو کوئی
کبھی خالی نہ ہوا نین کٹوروں جیسا

دل بھی شاید تھا کسی لمس کی خوشبو کا اسیر
جل گیا مہندی لگے ہاتھ کی پوروں جیسا!

اس کو بھی کوئی زلیخا نے خریدا تو نہیں
میرا یوسف جو بکا مصر کے چھوروں جیسا

وہ بھی شبنم کی طرح ہوگا گرفتار بہار
دیکھ کے پاؤں جو روتا رہا موروں جیسا

کوئی خواہش جو بے ہراس ہوئی
موت لمحوں کا اقتباس ہوئی!

صبح سے ہچکیاں نہیں آئیں
اس لئے آج میں اداس ہوئی

دھوپ نے سائبان تان لیا
جب کبھی بارش کی تھوڑی آس ہوئی

برف کیوں پگھلی اونچے پربت کی
کون سے جنگلوں کو پیاس ہوئی

کن چراغوں کو قتل کرڈالا
کیوں ہوا اتنی بدحواس ہوئی

شہر اپنا کبھی قتل گاہ بنا
آدمیت جو بے لباس ہوئی

قطرہ قطرہ یہ زندگی شبنم
ایک سورج کا انعکاس ہوئی

بھلا سکا نہ یہ دل سانحہ بھی ایسا تھا
یہ زرد برگ تمنّا ہرا بھی ایسا تھا

بچھڑ کے مجھ سے کسی اور کا ہوا ہی نہیں
وہ بے وفا ہی نہیں، باوفا بھی ایسا تھا

مری تو کوئی دعا باریاب ہو نہ سکی
تمہارے شہر کا شاید خدا بھی ایسا تھا

میں اُس کی بات کا آخر جواب کیا دیتی
وہ کم سخن ہی سہی، بولتا بھی ایسا تھا

تھی آب آب ہر اک موج پیاس ایسی تھی
شکست کھا گئے خنجر، گلا بھی ایسا تھا

وہ حادثہ جسے شبنمؔ کبھی بھلا نہ سکی
خدائے برتر و اعلیٰ! ہوا بھی ایسا تھا

آیا کوئی پروائی کا ٹھنڈا جھونکا
دل پھر سے دھڑکنے لگا دروازوں کا

برسات کے منظر کو جو دیکھا تو کہا
اک یہ بھی تو موسم ہے تری آنکھوں کا

اڑتی ہوئی تتلی کو پکڑنے والو!
ہاتھوں میں نہ رہ جائے نشاں رنگوں کا

سورج پہ نہ الزام لگایا ہوتا
یہ دھوپ بلاوا ہے کئی سایوں کا

سن لے نہ کہیں باز صدائیں ان کی
کیوں شور ہے جنگل میں نئی چڑیوں کا

دل یاد کے جنگل کا پرندہ جس پر
ایک جال سا پھیلا ہے تری باتوں کا

جو اپنے لئے ہم نے کہے تھے شبنم
چرچا ہے زمانے میں انہیں شعروں کا

وہ جو پگلی ندی پہ روتی تھی
اس کی ڈولی یہیں سے اٹھی تھی

برف کی چیختی چٹانوں میں
دھوپ سہمی ہوئی سی بیٹھی تھی

کتنی کلیوں کو اس نے مسلا تھا
جس کے ہاتھوں میں ایک راکھی تھی!

میں ہی کم فہم تھی سمجھ نہ سکی
وہ نظر کچھ تو مجھ سے کہتی تھی

کل جو آیا تھا کار کے نیچے
اس کی مٹھی میں اک چونّی تھی

کیوں شفق رنگ ہو گئی اتنی
وہ تو اک سانولی سی لڑکی تھی

جو ترے شہر کی فصیل بنی
وہ مرے گاؤں ہی کی مٹی تھی

ایک پرچھائیں بار بار آئی
آج کی رات وہ اکیلی تھی

وہ ہنسی کھو گئی کہاں شبنم
میرے بچپن کی جو سہیلی تھی!

ہے دھوپ بڑی تیز تو کیا فکر اسے ہے
وہ اجنبی دیوار کے سائے میں رہے ہے

آندھیاں چلتی رہیں، منظر بدلتا ہی رہا
چاند لیکن نیم کی شاخوں میں الجھا ہی رہا

جانے کن شعلوں میں گھر کر رہ گیا تھا اس قدر
بھیگتے موسم میں بھی وہ پیڑ سوکھا ہی رہا

زندگی بھر میں اندھیروں میں بھٹکتی ہی رہی
دھند کے اس پار اک سورج چمکتا ہی رہا

اک گھٹا آنکھوں میں چھائی تھی فقط اتنا ہے یاد
پھر تو یہ کاجل جو بھیگا تھا بھیگا ہی رہا

کتنے موسم دشت میں آتے رہے، جاتے رہے
وہ پرندہ شاخ پر بیٹھا، تو بیٹھا ہی رہا

کونسی بستی سے آخر لے رہا تھا انتقام
آج بادل خوب برسا اور برستا ہی رہا

چوڑیاں سب وقت کے پتھر نے چکنا چور کیں
ریزہ ریزہ بکھر کر بھی تیرا نام لیتا ہی رہا

بے حسی کی برف رگ رگ میں جمی بیٹھی رہی
شعلگی کا یوں تو شبنم سر پہ سایا ہی رہا

کہنے کو یوں تو آگ کا دریا تھا جیسے وہ
پھر بھی تمام عمر کا پیاسا تھا جیسے وہ

میں پات پات ڈھونڈتی پھرتی کہاں اسے
ٹھہرا نہ ایک پھول پہ بھونرا تھا جیسے وہ

وہ جاوداں تھا پھر بھی ہوا سے نہ بچ سکا
اب سوچتی ہوں واقعی تنکا تھا جیسے وہ

بے حد قریب ہو کے بھی لگتا تھا دور دور
خوابوں کی سرزمین پہ رہتا تھا جیسے وہ!

ویسے تو پاس پاس تھے بیٹھے ہوئے مگر
میں بھی اداس اداس تھی، تنہا تھا جیسے وہ

کچھ تو مرے سلوک میں بھی رکھ رکھاؤ تھا
اور کچھ تو میرا ہو کے پرایا تھا جیسے وہ!

شبنم نظر میں اس کی سماتی بھی کس طرح
میں بوند بوند اوس تھی، صحرا تھا جیسے وہ

دامن میں جس کے صرف لہو کا فشار تھا
وہ ایک لمحہ وقت کے شانوں پہ بار تھا

دل چیرنے پہ چارہ گردں کو ملا بھی کیا
کچھ نفرتوں کا زہر تھا، تھوڑا سا پیار تھا

پھر اس کی چشم تر نہ ہوئی خشک عمر بھر
جس کو مری قضا کا بڑا انتظار تھا

ننھی سی اک کلی بھی قبا کو ترس گئی
آنچل بھری بہار کا یوں تار تار تھا

طوفان کو تھمے ہوئی مدّت ہوئی مگر
پلکوں پہ میری آج بھی کتنا غبار تھا

تا خیر دھڑکنوں کی بھی اسکو نہ تھی قبول
جیسے ہوا کے گھوڑے پہ کوئی سوار تھا

لفظوں کی جنگ لڑتے رہے ہم تمام عمر
شبنم اگر تھی میں، وہ سراپا شرار تھا

مرے خطوط پہ یہ آج دھول تھی کتنی
تری نگاہ تغیّر قبول تھی کتنی

میں ایک بت کو سمجھتی رہی خدا برسوں
یہ میرے جوشِ عبادت کی بھول تھی کتنی

لہولہو تھا مرے اعتماد کا لاشہ
وہ ایک چبھتی نظر بھی ببول تھی کتنی

میں اپنی پیاس کا آئینہ لیکے کیا جاتی
سمندروں کے لبوں پر بھی دھول تھی کتنی

سماعتوں کا نشہ برگ برگ پھیلا تھا
تری نوا کی مہک پھول پھول تھی کتنی

بنا بنا کے مٹاتا رہا نقوش مرے
کہ اس میں طاقتِ ردّ و قبول تھی کتنی

بس ایک آرزو اپنی متاعِ جاں ٹھہری
ترے خیال میں وہ بھی فضول تھی کتنی

بجا کہ تیری محبت پہ ناز تھا ہم کو
تری حیات مگر بے اصول تھی کتنی

مرا پیام نہ اس تک پہنچ سکا شبنم
کہ اس میں سازشِ دستِ رسول تھی کتنی

چلے آتے ہیں پروائی کے جھونکے
دریچے کھل گئے کیا پھر دلوں کے

یقیں ہے شہر سے تم لوٹ آتے
سنے ہوتے جو شکوے چوڑیوں کے

قیامت گھر میں پھر برپا ہوئی ہے
پتہ دیتے ہیں ٹکڑے برتنوں کے

یہ کن شعلوں نے ان کو چھو لیا ہے
سرے جلنے لگے ہیں انگلیوں کے

کٹی تنخواہ پھر اب کے مہینے
مزے بدلے ہوئے ہیں سالنوں کے

یقیناً پھر انہیں یاد آئی میری
بنے قاتل جو تانے سگرٹوں کے

جنہیں شبنم وفا کہتی ہے دنیا
حروف بے صدا ہیں فلسفوں کے

اس کی ہر بات لگے اپنے ہی من کی جیسے
شہر میں ایک رہا ہو وہی سنکی جیسے

بعد مدت کے جو اس شخص کو دیکھا تو لگا
کرچیاں ٹوٹ کے بکھری ہوں بدن کی جیسے

کوئی منظر بھی سفر کا نہیں سونے دیتا
گرد چبھتی ہے نگاہوں میں تھکن کی جیسے

روز اک فون کی امید پہ جیتے رہنا
یہ بھی عادت ہو کوئی باولے پن کی جیسے!

دل کے ویرانے میں وہ ایک بھٹکتی ہوئی یاد
کوئی آوارہ سی خوشبو ہو چمن کی جیسے!

زندگی کرب میں اس طرح سے گذری شبنمؔ
منتظر نعش کوئی گور و کفن کی جیسے!

ریزہ ریزہ ہو کر بھی چبھتی رہتی ہے
یاد کسی کی جیسے اک ٹوٹی چوڑی ہے

دھوپ نکلتے ہی یہ راز بھی کھل جائے گا
میدانوں میں برف جمی یا اوس گری ہے

نیم کے پیڑ میں یوں تو کتنی ہی شاخیں ہیں
وہی ہری ہے جو سب سے اونچی ٹہنی ہے

ساون کے بادل سے کوئی جا کر کہہ دے
کب سے پیاسی دھرتی پانی مانگ رہی ہے

ناچ رہی ہے پلکوں پہ رست رنگ دھنک سی
رات کی پچھلی چاندنی بھی شاخوں سے چھنی ہے

بجھتے الاؤ میں کوئی چنگاری تو ڈھونڈو
آج ہواؤں کے اندر کتنی خنکی ہے

شہرت کی خاطر کیوں اتنے دکھ سہتے ہو
وہ تو بھی عمر کی اک پاگل لڑکی ہے

آنکھوں میں یادوں کا سمندر ٹھہرا ٹھہرا
پلکوں پہ بیتے لمحوں کی ریت جمی ہے

کرن کرن میں پوشیدہ سورج کا فسانہ
سحر سحر شبنم کی کہانی تو بکھری ہے

یہ آرزو ہے چراغوں کا یوں حصار کروں
ہوا کبھی ڈر کے پلٹ جائے ایسا وار کروں

یہ برف برف فضائیں، یہ انجماد، یہ رت
کسی الاؤ کے جلنے کا انتظار کروں!

وہ ایک ابر تھا، برسا بھی اور گذر بھی گیا
میں بوند بوند سمیٹوں اور آبشار کروں

افق پہ زرد بگولوں کا رقص جاری ہے
میں سبز پیڑ پہ کس طرح انحصار کروں

وہ سارے خواب کہ جھوٹے تھے، سچ نظر آئیں
حقیقتوں سے کروں اور اتنا پیار کروں

ترے حرم میں کوئی بت کہیں سے در آیا
ذرا بتا اسے پوچھوں کہ سنگسار کروں

مرے خدا! کوئی سورج اتار میرے لئے
لرزتے کانپتے لمحوں پہ کیسے وار کروں

میں اس کے لہجے میں ڈھل جاؤں اس طرح شبنم
وہ مجھ سے جھوٹ بھی بولے تو اعتبار کروں

شہر میں، دشت میں، گلزار میں کب جاتی ہے
میری آواز مرے گھر میں ہی دب جاتی ہے

اس شہر سے جانا ہی مقدر ہے تو جا تو
لیکن یہ دعا بھی ہے کہ پھر لوٹ کے آ تو

یہ سوچ کہ ہم اپنے لئے کتنے اہم ہیں
میں تپتا ہوا جون ہوں، ساون کی ہوا تو

آوازہ مرا ایک تری ذات کے دم سے
میں ایک صدا، صرف صدا، کوہ ندا تو !

جس دن میں پریشان سی آئی تھی ترے پاس
جی کھول کے اس دن مری باتوں پہ ہنسا تو

میں ایک حقیقت ہوں، چھپائے نہ چھپوں گی
موندی ہوئی پلکوں میں کوئی خواب لسا تو

جذبات میں یہ پاسِ ادب بھی ہے بڑی شئے
شبنم کبھی بھولے سے بھی اس لئے نہ کہا ہو تو"

جب نگاہیں خموش رہتی ہیں
چوڑیاں دل کی بات کہتی ہیں!!

روک پاؤ تو روک لو ان کو!
خواہشیں آنسوؤں میں بہتی ہیں

دل کا دروازہ بند ہے پھر بھی
دھڑکنیں دستکوں کو سہتی ہیں

گھر بھی لگتا ہے ایک ویرانہ
لڑکیاں جب اداس رہتی ہیں

صبح سے، کانپتی ہوئی راتیں
کون سی داستان کہتی ہیں

بدلیاں سخت جان ہیں شبنم
وار کتنے ہوا کے سہتی ہیں

بجا کہ تیری نگاہوں میں محترم بھی رہے
مگر کچھ اپنی غلط فہمیوں کے غم بھی رہے

برت کے تجھ سے تغافل یہ آرزو بھی رہی
کہ اس سلوک کا تجھ کو ملال کم بھی رہے

اسی خیال سے پلکوں پہ اشک روکے تھے
بچا رہے ترا دامن، مرا بھرم بھی رہے

وہ دن بھی تھے کہ یہ عالم تمہارا چلنے کا
مرے نقوش قدم پر ترے قدم بھی رہے

انا پسند طبیعت کا معجزہ نہ گیا
کہ راکھ ہوتے ہوئے گیسوؤں میں خم بھی رہے

عجیب لوگ تھے شبنمؔ مرے قبیلے کے
کہ سر قلم بھی ہوئے، صاحبِ قلم بھی رہے

دل میں، احساس میں، خوابوں میں مری خوشبو ہے
تیرے شعروں میں، کتابوں میں مری خوشبو ہے!

میرے ہاتھوں کی لکیروں میں گھروندے تیرے
تیری آنکھوں کے سرابوں میں مری خوشبو ہے

کچی مٹی کے گھڑوں تک ہی نہیں ہے محدود
ساری دنیا کے چنابوں میں مری خوشبو ہے

جانے کیوں میں نے یہ محسوس کیا ہے اکثر
اس کے آنگن کے گلابوں میں مری خوشبو ہے

کون شبنم در دل پہ یہ لگاتا ہے صدا
ڈوبتی رات کے خوابوں میں مری خوشبو ہے

اُن ہاتھوں سے بچھڑ گئے تو پھر نہ دُعا میں اٹھّے ہاتھ
خوابوں نے بھی موند لیں آنکھیں، خواہش کے بھی ٹوٹے ہاتھ

کوتی سمندر کوئی دریا، کوئی جام، نہ کوئی گھٹا
کس کے لمس کے اتنے پیاسے، کن ہاتھوں کے بھوکے ہاتھ

صدیوں پہلے اِک دیوانہ ان کو چھو کر بولا تھا
بھیک میں دے دو کومل کومل ریشم جیسے اپنے ہاتھ

جن ہاتھوں کو یاد نہیں ہے ایک حنائی وعدہ تک
اُن کی خاطر پھر کیوں روئیں، تڑپیں، مچلیں پگلے ہاتھ

اُس دن سے بس ایک خزاں کے اور کوئی موسم نہ ہوا
جس دن میری ماں نے کہا تھا کر دو اِس کے پیلے ہاتھ

قدم قدم پر سر سے چادر چھیننے والے لوگ ملے
ایسے بھائی نہ مل پائے جو خود ہی کٹوا دیتے ہاتھ

قتل ہوا ہے پھولوں کا موسم بھی لہو کی خوشبو سے
جب بھی ساز کے تار سے ہٹ کر تلواروں پر لپکے ہاتھ

سورج نے سونا بکھرایا جب بھی میرے آنگن میں
شام کے سناٹے میں آئے اُس کو چُرانے کالے ہاتھ

کہاں گئے وہ ویر جو بڑھ کر اپنی کلائی پیش کریں
پیار کا دھاگا لئے کھڑے ہیں سر پر کچھ بھولے ہاتھ

دُور دُور تک روح کے اندر اُتری شیتل پُروائی
شبنم اِن جلتی آنکھوں پر کس نے پیار سے رکھے ہاتھ

دور پربت پہ کہیں بول رہا ہو جیسے
کوئی مصری کی ڈلی گھول رہا ہو جیسے

شام ہوتے ہی کسی بھولی ہوئی یاد کا ہاتھ
موتی پلکوں پہ مری رول رہا ہو جیسے!

ڈوبتی رات میں دل ایک مسافر کی طرح
گزرے لمحات کے پٹ کھول رہا ہو جیسے

سلسلہ درد کا اک ختم نہ ہونے والا!
میرے جذبوں کا یہی مول رہا ہو جیسے

دیکھ کر مہندی بھرے ہاتھ وہ ہنس کر بولا
کوئی ہاتھوں میں لہو تول رہا ہو جیسے

میرے دل کی بھی گرہ کھل نہ سکے گی شاید
تیری فطرت میں بھی اک جھول رہا ہو جیسے

میں نے اس خوف سے شبنم نہ ملائیں نظریں
اس کے چہرے پہ بھی اک خول رہا ہو جیسے

دھوپ کے خواب سے جس وقت وہ جاگا ہوگا
میرے آنچل کا سکوں یاد تو آیا ہوگا

میں اُسے چھوڑ کے چپ چاپ چلی آئی تھی
اس نے کیا کیا مرے بارے میں نہ سوچا ہوگا

ٹوٹے پیالوں کی قسم بکھری کتابوں کی قسم
میرا غُصّہ انھیں چیزوں پہ اُتارا ہوگا

آئینہ توڑ دیا ہوگا کبھی جھنجھلا کر
کبھی بوسیدہ سی البم کو جلایا ہوگا

بے سبب دوستوں سے بحث چلائی ہوگی
نوکروں پہ کبھی بے وجہ برستا ہوگا!

اُنگلیاں ویسے تپش سے تو جلی ہوں گی مگر
نام سگرٹ کے دھوئیں سے مرا لکھا ہوگا

اس کے چہرے پہ بظاہر تو رعونت ہوگی
پھر بھی تنہائی میں چپ چاپ سُلگتا ہوگا

اِسی اُمید پہ زندہ ہے ابھی تک شبنم
وہ سمندر بھی کبھی اوس کا پیاسا ہوگا

نظمیں

تم شدتِ غم کہہ لو کہ اِک جوشِ مسرت
تخلیق کے لمحات کا کچھ نام نہیں ہے

"نچوکا"

میں جب بھی
رات کے شانوں پہ رکھ کے سر اپنا
سکون و خواب کی دنیا میں ڈوب جاتی ہوں
نہ جانے کیوں
مجھے محسوس ہونے لگتا ہے
شفیق ہاتھ کوئی
اپنی بند پلکوں پر
یہ کون ہے
جو مرے برف ماتھے پر
محبتوں کا حسیں لمس چھوڑ جاتا ہے
یہ کون ہے
جو دبے پاؤں میرے پاس آکر
بڑے لطیف سے، مدھم سُروں میں کہتا ہے
"تمہارے شبیر کے فٹپاتھ کب سے جاگ گئے
تمہارے گھر میں مگر اب بھی رات لیٹی ہے
ذرا اُٹھ کے نظر

آس پاس دیکھو تو
تمہارے پام کے گملے کی سرخ مٹی میں
ہری ہری سے جو کونپل نے سر ابھارا تھا
دبا دیا اسے سورج کی زرد انگلی نے
برا نہ مانو تو اک بات میں کہوں بی بی!
تم اپنے گاؤں کے زرخیز آنگنوں کی طرح
یہاں خلوص کے دانے بکھیرتی کیوں ہو؟
تمہیں پتہ بھی ہے؟
ایک ٹڈی دل جو تاک میں ہے
تمہاری فصل کہیں چاٹ کر نہ اڑ جائے
کوئی بجوکا سجا لو
کہ بالیاں تو بچیں!

"یہ تو سوچو ذرا"

دھنک اوڑھ کر پھر رہی ہو مگر
تم نے سوچا کبھی
یہ ٹھنڈی سی پھواریں
تمہارے سلگتے بدن کو خنک باریاں دے سکیں گی؟
آج تک
کتنے تپتے ہوئے موسموں نے
جلایا ہے تن کا شجر
زندگی کی کھلی مٹھیوں میں

سبھی آندھیاں
بانجھ جذبات کی سرد ہوتی ہوئی راکھ بھرتی رہیں
درد کی سیپ میں
ایک بھی بوند موتی نہیں بن سکی
دل کے کشکول میں

ایک سکہ مسرت کا کھنکا نہیں
پیاسے ہونٹوں کے نم ساحلوں کے بدن

تشنگی کی جمی ریت پر کسمساتے رہے
پھول ہتھیلی کے کمھلا گئے
انگلیوں پر خزاں چھا گئی
زلف کی سب سیہ ناگنیں
کاشمیر اور شملہ کی پگڈنڈیاں بن گئیں
بھیگی پلکوں پہ جلتے ہوئے سب چراغوں کو
بھوکی سحر کھا گئی

دھنک اوڑھ کر پھر رہی ہو مگر
تم نے سوچا کبھی
آج تک
کتنی شہزادیاں
پانچویں سمت سے آنے والے
گھوڑ سواروں کی امید میں
کالے دیوؤں کے اندھے کنوؤں میں نظر بند ہیں
دھنک اوڑھ کر پھر رہی ہو مگر
یہ تو سوچو ذرا

"تراشیدی، پرستیدی، شکستی"

سنا ہے تم نے نیا بت کوئی تراش لیا
چلو یہ ٹھیک ہوا
بدلتی رُت کی ہواؤں کے گرم جھونکوں سے
تمہاری برف سی تنہائی
کچھ تو پگھلے گی
وہ شعلگی جسے شبنم کبھی بجھا نہ سکی
کسی کے لمس ثمر بار کے سہارے پر
کبھی کبھی سہی
ذوقِ نمو تو چکھے گی
چلو یہ ٹھیک ہوا تم نے بت تراش لیا
مگر ــــــــ

یہ دھیان رہے
کہ تم خود اس کی پرستش میں مبتلا تو نہیں
تمہارے جذبوں کا وہ قدرداں سہی
لیکن
وہ بت خدا تو نہیں

وہ تم کو چاہ تو سکتا ہے ٹوٹ کر لیکن
جو تم یہ چاہو
کہ وہ میرے ساتھ چلے
تو آ نہیں سکتا
کہ اس کا دل تو دھڑکتا ہے
پاؤں پتھر ہیں!
تم اپنے جذبوں کی ناکامیوں سے گھبرا کر
مگر خدا کے لئے
اب کے بت شکن نہ بنو
ذرا یہ سوچو تو
وہ مورتی کہ جسے خود تمہیں تراشتے ہو
اور اس کے بعد
اسے پوجتے ہو برسوں تک
یہ سچ سہی
کہ وہی پاش، پاش ہوتی ہے
(مگر حقیقت ہے)
تمہارے دل میں بھی گہری خراش ہوتی ہے
خدا کے واسطے تم اب کے بت شکن نہ بنو!!

"بے بسی"

چیختی، چنگھاڑتی بسوں کا اژدہام ہے
چیونٹیاں سی رینگتی ہیں ہر طرف
موٹے تازے کیکڑے
کار کے چمکتے خول میں
چھپے ہیں، جن کے بھاری بوجھ سے
دبی ہوئی کراہ میں
ننھی منی مچھلیوں کا غول ہے
نیلی، پیلی، دودھیا
پھسلتے جسم کی
حسین، جوان مچھلیاں
سمندروں کے خواب دیکھتی ہوئی
جزیرہ ہائے پُر سکوں کی
ٹھنڈی ٹھنڈی ریت کی تلاش میں
نہ جانے کب سے منتظر ہیں
دُور
ساحلوں پہ

سیپیوں سے کھیلتی ہوئی
شوخ انگلیوں کی
پھول سی ہتھیلیوں کے لمس کی
مگر
وہ اپنا سر گھمائیں کس طرح
کہ
ہر طرف
مہین، نرم، ریشمیں
ڈوریوں
کا
اِک حسین جال اُن کے آس پاس ہے !!

" آخری خواہش "

سیکڑوں بار
یہی دل میں خیال آیا ہے
میں تری راہ میں
گُل بن کے بکھر سکتی تھی
تیری رگ رگ میں
مہک بن کے اُتر سکتی تھی
تیری آنکھوں کے سمندر سے گذر سکتی تھی
میری مغرور طبیعت نے مگر
ایسا ہونے نہ دیا
اب
یہ مجروح اَنا
سوچتی ہے
کاش ہو جائے یونہی
میں تری راہ کا

کانٹا بن جاؤں
اور تو
جب کسی رنگین تصور میں مگن
بے خیالی میں
مجھے روند کے آگے بڑھ جائے
تیرے تلوؤں میں چبھوں
تیرے لہو میں مل جاؤں !

"کل کی بات"

یہ کل ہی کی بات تو ہے
جب اک تنہا آوارہ بادل
میرے شہر کے آسمان پر منڈلایا تھا
جس
کی آنکھوں میں
خالی چھاگل بندھی ہوئی تھی
اور ماتھے پر پیاس لکھی تھی
ہاتھوں میں لفظوں کا کاسہ
تلوؤں میں کانٹوں کے گھونگرو

اور
سوکھے ہونٹوں پر صدیوں کی دھول جمی تھی
کتنی چھلکتی جھیلیں، ندیاں
اس نے پی لیں

میرے شہر میں
قحط اُگا کر
اب وہ پھر
اپنی بستی کو لوٹ گیا ہے
جہاں کی سوکھی بیل
اُسے بھگوان سمجھ کر
پوج رہی ہے !!

اِگزامینیشن ہال

دور تک کالے سروں کی لہلہاتی فصل ہے
ان گنت چہرے
شرارت،
شوخیاں،
معصومیت،
بے چارگی،
آوارگی،
بے ہودگی،
جستجو،
بھٹکی نگاہیں
خالی سوچیں
ذہن کے پاتال سے نکلے ہوئے
چھوٹے، بڑے
اچھے، برے
لفظوں کی بھیڑ

انگلیوں کی قید میں
روشنائی کے سیہ قطروں کا رقص
آگے، پیچھے
دائیں بائیں
لوچ کھاتی گردنیں
چند نکتے،
چند جملے،
کچھ ادھورے سے جواب
ذہن کے اس خالی کاسے میں کوئی بھی ڈال دے
بھیک کچھ مل جائے تو تسکین ہو
تین گھنٹے سے مسلسل
ان حسیں، بیزار چہروں پر
یہ اکتاہٹ
یہ ناآسودگی
دیکھ کر یہ سوچتی ہوں
نسلِ آدم کے مقدر میں
یہ دریوزہ گری کب تک رہے گی؟
اور
نقالی کی یہ فطرت
کہاں تک آدمی کا ساتھ دے گی؟
ڈاروِن کے فلسفے کی
جانے کب تکذیب ہوگی؟

"فیملی پلاننگ"

رات تم مجھ کو بڑے تنہا لگے
(میرے بغیر)
گھر وہی تھا
کھڑکیوں کے نیلگوں پردے وہی تھے
خواب گہ میں
قمقموں کی
سبز مدھم روشنی پھیلی ہوئی تھی
میز پر
گلدان میں
رات رانی کھل رہی تھی
تم مگر سوئے نہیں تھے
اور میں بھی
شہر کے
مشہور نرسنگ ہوم کے
اسفنج والے بیڈ پر لیٹی ہوئی
جانے کن سوچوں میں گم تھی

نیند میری بھی تھکی آنکھوں سے کوسوں دُور ہوتی جارہی تھی
یوں
ہمارے درمیاں
بس فاصلے ہی فاصلے تھے
فاصلوں کی یہ حسیں زنجیر لیکن
آخری منتے پہ آکر رُک گئی تھی
جو بڑی شوخی بھری معصومیت سے
پالنے میں لیٹے لیٹے ہنس رہا تھا

رفیعہ شبنم عابدی، بنیادی طور پر جدید اردو شاعری کی اس روایت سے تعلق رکھتی ہیں جس کے قیام اور استحکام میں کشور ناہید اور فہمیدہ ریاض وغیرہ نے خاصا اہم کردار ادا کیا ہے۔ مطلب یہ ہے کہ ان کا بے چین شاعرانہ تخیل، مذہب، اخلاق، روایت، سیاسی و سماجی اقدار وغیرہ سے بخوبی آگاہ ہے۔ لیکن بحیثیت مجموعی ان کی شاعری کا موضوع خود ان کی ذات اور شخصیت ہے۔ انھوں نے اپنے بیشتر اشعار میں اپنے اندر کی عورت کو سمجھنے پرکھنے اور فنکارانہ سطح پر پیش کرنے کی کوشش کی ہے۔ یہ عورت کبھی ماں کے روپ میں نظر آتی ہے اور کبھی بیوی کے۔ اس طرح یہ عورت ایک عاشق بھی ہے اور محبوبہ بھی۔ شادی شدہ گھریلو زندگی کے مختلف پہلو ان کی شاعری میں نمایاں انداز میں بکھرے دکھائی دیتے ہیں۔ عام طور پر ان کے یہاں عورت و مرد کا رشتہ شدید محبت و رفاقت کا رشتہ ہے لیکن جہاں بھی اس رشتہ پر شکوک و شبہات کی پرچھائیاں پڑی ہیں، ان کے بصورت دیگر، نرم رواں دواں اور شیریں لہجہ میں ایک خاص طرح کی تلخی آگئی ہے جس سے ان کی شاعری کو فائدہ پہنچا ہے۔

زندگی کے تعلق سے رفیعہ شبنم عابدی کا شعری رویہ خاصا متنوع اور لچکدار رہا ہے۔ انھوں نے کسی طرح کے احساسِ جرم میں مبتلا ہوئے بغیر جس طرح اپنے جذبات و احساسات کا بے باکانہ اور ایماندارانہ اظہار کیا ہے اس سے ان کی ظاہری شخصیت اور داخلی ایگو میں بڑی حد تک ہم آہنگی پیدا ہوگئی ہے۔ یہ ہم آہنگی ان کے ایسے اشعار میں بھی نظر آتی ہے جن میں انھوں نے معاشرتی سائیکی کو ذاتی سائیکی میں تبدیل کرنے کی کوشش کی ہے۔

فضیل جعفری
شعبۂ انگریزی برہانی کالج آف کامرس اینڈ آرٹس بمبئی